CONSULTATION

De Mᵉ Albert GIGOT

AVOCAT A LA COUR DE CASSATION ET AU CONSEIL D'ETAT

SUR LA VIOLATION DU SECRET DES LETTRES

ET

ADHÉSIONS DES BARREAUX DE PROVINCE

CONSULTATION

De Mᵉ Albert GIGOT

AVOCAT A LA COUR DE CASSATION ET AU CONSEIL D'ÉTAT

SUR LA VIOLATION DU SECRET DES LETTRES

ET

ADHÉSIONS DES BARREAUX DE PROVINCE

PARIS

IMPRIMERIE DE DUBUISSON ET Cᵒ, 5, RUE COQ-HÉRON

Imprimeur de la *Gazette de France*

1867

NOTE A CONSULTER

La *Gazette de France* a publié, dans son numéro du 8 février 1867, la circulaire suivante, adressée par le directeur général des postes à tous les directeurs de bureaux de poste.

DIRECTION
GÉNÉRALE
DES POSTES
—

1re DIVISION
Bureau de la
Correspondance
intérieure
—

« Paris, le 24 janvier 1867.

» Monsieur,

» L'administration a reçu l'ordre d'empêcher, pour ce qui la concerne,
» l'introduction en France et la distribution d'une lettre autographiée
» adressée au général de Saint-Priest par M. le comte de Chambord. Cet
» écrit est expédié sous enveloppe, dans la forme d'une lettre ordinaire,
» soit de l'étranger, soit des bureaux de l'intérieur.
» Je vous invite, en conséquence, à surveiller avec le plus grand soin
toutes les correspondances qui parviennent directement ou indirecte-
» ment à votre bureau, afin de découvrir les exemplaires de la lettre
» dont il s'agit qui pourraient faire partie des correspondances et qui se
» trouveraient placées, soit sous bandes isolément et avec d'autres pu-
» blications, soit sous des enveloppes closes. Vous surveillerez aussi,
» dans le même but, non-seulement les correspondances mises à la
» poste dans votre localité, mais encore celles qui vous parviendraient
» des bureaux français avec lesquels vous êtes en relations; car il ne
» serait pas impossible que des exemplaires de ladite lettre fussent dé-
» posés dans des boîtes aux lettres après avoir été introduits en France
» par une voie étrangère à la poste.

» Vous formerez un paquet spécial de tous les exemplaires, soit sous
» bandes, soit sous enveloppe, que vous aurez été à même de recon-
» naître et de retenir, et vous adresserez ce paquet au receveur principal
» des Postes, à Paris, sous étiquette portant, indépendamment de l'a-
» dresse, les mots suivants : « *lettre saisie en vertu de l'ordre de l'ad-
» ministration du 24 janvier 1867* », et au-dessous l'indication du nombre
» des objets expédiés.

» Je vous recommande, monsieur, la plus grande vigilance et la plus
» grande circonspection pour l'exécution de la mesure dont il s'agit,
» et je vous prie d'accuser réception de la présente lettre au directeur
» des postes de votre département.

» Agréez, etc.

» E. VANDAL,
» *Directeur général des Postes.* »

L'administration a adressé à la *Gazette de France*, à la suite de cette publication, le *communiqué* suivant :

« Dans son numéro du 8 de ce mois, la *Gazette de France*, reproduisant la
circulaire du directeur général des Postes qui prescrit de rechercher les exemplaires autographiés d'une publication émanée de M. le comte de Chambord,
représente cette circulaire comme un acte administratif ordonnant aux agents
des postes la violation du secret des lettres.

» La polémique de la *Gazette de France* soulève deux questions, une question
de droit et une question d'exécution.

» Au point de vue légal, le Code d'instruction criminelle investit les magistrats
chargés de la police judiciaire du droit d'opérer entre les mains de l'administration des postes la saisie des lettres qui peuvent servir à constater les crimes,
délits et contraventions.

» Un arrêt de la cour de cassation, toutes chambres réunies, du 21 novembre
1853, établit que le préfet de police à Paris et les préfets dans les départements
sont investis, en leur qualité d'officiers de police judiciaire, des attributions
dévolues par le Code d'instruction criminelle aux magistrats instructeurs.

» Cette doctrine a déjà été exposée par le gouvernement devant le Corps
législatif, dans la séance du 21 juin 1865.

» Le droit n'est donc pas controversable.

» La question d'exécution est plus simple encore. Une publication autographiée, présentant un caractère délictueux et contenant une attaque contre le
gouvernement, a été mise en circulation par la voie de la poste. Dès lors, le
préfet de police a dû user des pouvoirs dont il est investi par l'article 10 du

Code d'instruction criminelle, et a notifié à l'administration des postes le réquisitoire par lequel il prescrivait la saisie du document incriminé.

» Pour parvenir à généraliser cette mesure, l'autorité judiciaire aurait dû faire des réquisitions dans tous les bureaux de poste de France. C'eût été là une mesure extrême, que l'importance de l'incident ne comportait pas. Pour y suppléer, l'administration des postes a dû prescrire à ses agents, non pas de violer le secret des lettres, comme on l'allègue inexactement, mais de vérifier si aucun signe extérieur ne viendrait révéler la présence du document autographié ou imprimé recherché par l'autorité compétente.

» Elle a, en outre, ordonné que les plis cachetés fussent transmis à la direction centrale, après avoir été revêtus des formalités qui devaient en assurer l'inviolabilité. L'intervention de l'administration supérieure a donc eu pour objet unique non de faire ouvrir des correspondances par les agents des postes, mais de centraliser à Paris celles de ces correspondances qui, par leurs signes extérieurs, paraîtraient pouvoir motiver les investigations de l'autorité judiciaire, autorité devant laquelle seule s'efface le principe du secret des correspondances, au profit des intérêts généraux de la société.

» Donc, d'une part, le droit est certain, et, d'autre part, le fait témoigne que l'administration supérieure a accompli son devoir, en restant dans la légalité. Il peut convenir à la *Gazette de France* de signaler comme excessives les lois qui protégent la sécurité du gouvernement et de critiquer l'application qui en est faite ; mais les esprits impartiaux reconnaîtront que les intérêts de l'ordre public, dont le gouvernement a la garde, lui recommandent de recourir aux moyens que les lois générales du pays ont mis à sa disposition. »

(Communiqué.)

Le consultant désire être éclairé sur la légalité de la circulaire et sur le mérite des explications contenues dans le *Communiqué*.

GUSTAVE JANICOT,
Directeur de la Gazette de France.

CONSULTATION

———

Le Conseil soussigné,

Vu la circulaire de M. le directeur général des Postes du 26 janvier 1867 ;

Vu le communiqué adressé à la *Gazette de France*, le 9 février 1867 ;

Adopte les résolutions suivantes :

I. La question proposée à l'examen du soussigné est de celles que la raison et la conscience publique ont tranchées d'avance et sur lesquelles aucun jurisconsulte ne pourrait un seul instant hésiter.

La circulaire de M. le directeur général des Postes contient deux choses : elle prescrit la saisie d'un écrit qui n'a été ni publié ni poursuivi ; elle enjoint aux directeurs des cinq mille bureaux de poste de l'empire de *surveiller* les correspondances, afin de *découvrir* et d'envoyer à l'administration centrale les exemplaires de cet écrit, qui se trouveraient placés, soit *sous bandes*, soit SOUS DES ENVELOPPES CLOSES.

Il semble impossible, à la lecture de cette circulaire, de voir dans la saisie qu'elle prescrit en dehors des formes judiciaires et en l'absence de toute poursuite commencée, autre chose qu'une de ces *saisies administratives* imaginées par M. le duc de Persigny, alors ministre de l'intérieur, et qui devaient s'appliquer aux écrits de toute nature et de toute forme émanés de personnes bannies ou exilées du territoire et placées, en conséquence, en dehors « du droit commun. » (Circulaire du 13 mai 1861). On n'a pas oublié l'accueil fait par l'opimon publique à cette étrange innovation : nul ne s'est mépris sur la valeur légale de la circulaire qui prétendait l'établir ; nul n'a tenté de la défendre. Elle ajoutait aux rigueurs de l'ostracisme politique établi par des lois, ou du bannissement prononcé par des jugements : elle mettait hors la loi toute une catégorie de Français, auxquels elle interdisait le droit d'écrire ; elle donnait pour sanction à cette prohibition une peine heureusement effacée de nos Codes, la confiscation. En dépouillant les bannis de droits qu'aucune loi ne leur a ravis, en créant contre eux une pénalité nouvelle, elle usurpait les prérogatives du pouvoir législatif ; en investissant l'administration du droit de saisir et de supprimer sans jugement les écrits des exilés, elle envahissait le domaine de la justice régulière.

C'est un principe élémentaire en jurisprudence que les circulaires et instructions ministérielles n'obligent pas les tribunaux alors même qu'elles ne font qu'interpréter la loi. Que dire d'une circulaire qui prétend se substituer à la loi ? C'était cependant dans cette circulaire seule qu'il semblait possible de trouver l'origine et le principe des mesures prescrites par M. le directeur général des Postes aux agents de son administration, cinq jours après les promesses libérales du 19 janvier 1867. « La saisie proprement dite, » ainsi que l'a très-justement fait observer M. Odilon Barrot, « doit être suivie d'une poursuite judi- » ciaire dans un délai déterminé, et cela sous peine de nullité de saisie ; » tandis qu'une saisie qui n'aboutit pas à un jugement n'est en réalité qu'une suppression, une confiscation. Or, il semble évident, pour qui veut lire avec attention les termes de la circulaire de M. Vandal, qu'il n'est pas question de recueillir les éléments d'une information judiciaire, mais qu'on entend purement et simplement « empêcher la distribution » d'une lettre jugée dangereuse. On serait tenté de croire à une malheureuse réminiscence historique et de se rappeler cet édit de Louis XI, qui ne mettait les courriers royaux à la disposition du public qu'autant que les lettres qui leur seraient confiées seraient lues au préalable, et qu'elles ne contiendraient rien qui pût porter préjudice au gouvernement.

Ce qui ne semble pas moins évident à la première lecture de la circulaire c'est l'atteinte portée par les mesures prescrites à l'inviolabilité du secret des lettres. Pour arriver en effet à saisir les exemplaires dont on veut arrêter la distribution, il faut, suivant un euphémisme du rédacteur de la circulaire, que les agents de l'administration des postes *surveillent* toutes les correspondances. La circulaire prend soin de préciser ce mode de surveillance. Elle invite les employés à « *découvrir* les exemplaires de la lettre dont il s'agit qui pourraient » faire partie des correspondances, et qui se trouveraient placés soit sous » bandes isolément et avec d'autres publications, soit *sous des enveloppes* » *closes* »

Or, à s'en tenir au sens usuel des mots, le seul moyen de *découvrir* « une
» lettre placée sous une enveloppe close » consiste à décacheter cette enveloppe. Que devient dès lors cette inviolabilité du secret des lettres, que l'arrêt
du conseil du 18 août 1775 place « au nombre des choses sacrées dont les tri-
» bunaux comme les particuliers doivent détourner les regards, » et auquel
l'Assemblée constituante, dans un décret des 10-14 août 1790, proclamait que
» sous aucun prétexte il ne pouvait être porté atteinte ni par les individus, ni
» par les corps? » Que deviennent les dispositions de l'art. 187 du Code pénal
dont il importe de rappeler les termes :

« Toute suppression, toute ouverture de lettres confiées à la poste, commise
» ou facilitée par un fonctionnaire ou un agent du gouvernement ou de l'admi-
» nistration des Postes, sera punie d'une amende de 16 fr. à 500 fr. et d'un
» emprisonnement de trois mois à cinq ans. Le coupable sera, de plus, interdit
» de toute fonction ou emploi public pendant cinq ans au moins et dix ans
» au plus. »

II. Le *Communiqué* adressé à la *Gazette de France* proteste contre l'interprétation donnée à la circulaire : il soutient que, dans la pensée de son auteur,
la saisie ordonnée n'a jamais eu le caractère d'une *saisie administrative*, et
qu'il n'a point entendu prescrire aux agents de l'administration des Postes de
violer le secret des correspondances. Il affirme que la mesure ordonnée n'est
qu'une exacte application de la jurisprudence inaugurée par l'arrêt des Chambres réunies de la Cour de cassation du 21 novembre 1853.

Il ne peut être question ici de discuter les intentions de M. le directeur
général des Postes, ni de contester à cet égard les affirmations du *Communique*.
Mais il est nécessaire de s'expliquer sur l'origine, sur le caractère et sur les
limites du prétendu droit qu'il a cru pouvoir s'arroger.

III. Le principe fondamental de l'inviolabilité du secret des lettres ne
comporte d'autres exceptions que celles que le législateur aura formellement
édictées sous l'empire des nécessités les plus impérieuses.

Le Code d'instruction criminelle, dans ses art. 87 et 88, a formulé une
exception de ce genre en reconnaissant au juge d'instruction le droit de saisir
non-seulement les papiers ou effets qui seraient en la possession du prévenu,
mais encore ceux qui se trouveraient en d'autres lieux. Il en résulte que ce
magistrat peut saisir même dans les bureaux de la poste et ouvrir les lettres
et paquets qui peuvent contenir des papiers utiles à la manifestation de la

vérité. Encore ce droit devait-il être limité à deux cas déterminés : 1° celui où il s'agissait de lettres adressées à des individus en état de prévention ou d'accusation ; 2° celui où il s'agissait de lettres soustraites dans le service des postes et formant le corps du délit.

Ces principes se trouvent énoncés avec une grande netteté dans l'instruction générale pour le service des postes, approuvée par le ministre des finances le 29 mars 1832. Voici en quels termes est conçu l'article 529 de cette instruction : « Les lettres adressées à des individus en état de prévention ou d'accu- » sation, peuvent être saisies par les agents de l'ordre judiciaire en vertu d'un » réquisitoire du procureur du roi. Le réquisitoire doit énoncer l'état de pré- » vention ou d'accusation des destinataires. Le réquisitoire reste entre les » mains du directeur, et le magistrat qui opère la saisie donne un reçu des » lettres dont il s'empare.... Peuvent encore être saisies entre les mains des » directeurs, et avec les mêmes formalités, les lettres qui, ayant été soustraites » dans le service des postes, forment le corps du délit (1). »

En 1853 s'est élevée, à l'occasion du procès dit des *correspondants étrangers*, la question de savoir si le droit de saisir les lettres à la poste reconnu au juge d'instruction, seul parmi les officiers de police judiciaire, pouvait être exercé par les préfets, en vertu des dispositions de l'art. 10 du Code d'instruction criminelle, qui les autorise à faire personnellement ou à requérir les officiers de police de faire, chacun en ce qui le concerne, tous les actes nécessaires à l'effet de constater les crimes, délits, et d'en livrer les auteurs aux Tribunaux.

Les Chambres réunies de la Cour de cassation ont résolu affirmativement cette question et reconnu aux préfets le droit de saisir les lettres à la poste et de les ouvrir hors la présence du juge d'instruction. Il est permis sans doute de ne pas considérer comme le dernier mot de la jurisprudence sur cette importante question une doctrine repoussée d'abord par la Chambre criminelle de la Cour de cassation, combattue encore aujourd'hui par les jurisconsultes les plus éminents (2), et qui, suivant les expressions du premier de nos criminalistes, « fait passer le pouvoir du juge dans les mains des préfets. » (M. Faustin Hélie).

On peut s'étonner que la jurisprudence n'ait pas trouvé des garanties suffi-

---

(1) Cet article n'était que la reproduction d'un avis du comité des finances du conseil d'État, du 4 février 1829.

(2) MM. Faustin Hélie, Dalloz, Batbie, Morin, etc. La défense des *correspondants étrangers*, confiée à MM. Bosviel, Paul Fabre et Reverchon, était appuyée d'une remarquable consultation de M. O. Barrot.

santes dans le droit reconnu au préfet d'arrêter provisoirement, en cas d'urgence, la distribution des lettres incriminées, à la charge par lui de faire remettre ces lettres au juge d'instruction, qui, seul, aurait le droit de les ouvrir (1). C'était en ce sens et en conformité d'une circulaire ministérielle du 8 avril 1851, qu'avait été inséré, dans l'instruction générale des postes, un article 529 *bis* ainsi conçu :

« Les préfets des départements, agissant en vertu de l'article 10 du Code
» d'instruction criminelle, ont aussi le droit d'opérer personnellement ou de
» requérir les officiers judiciaires, chacun en ce qui le concerne, d'opérer des
» saisies de lettres et de journaux. Un préfet devra être considéré comme ayant
» agi personnellement, toutes les fois qu'il aura fait parvenir aux directeurs
» des postes une réquisition directe et signée de lui, ayant pour objet
» d'arrêter la distribution des lettres ou des journaux désignés dans ce réqui-
» sitoire; les réquisitions émanées des préfets resteront entre les mains des
» directeurs des postes. »

Mais, quelque regrettable que nous paraisse la doctrine consacrée par l'arrêt de 1853, nous n'hésitons pas à reconnaître qu'on ne peut, sans en dénaturer le sens et sans faire injure aux magistrats qui l'ont consacrée, en tirer les étranges conséquences que M. le directeur général des Postes a cru pouvoir en faire sortir.

Le préfet de police, dit le *communiqué*, est investi, comme officier de police judiciaire, du droit d'opérer entre les mains de l'administration des Postes la saisie des lettres qui peuvent servir à constater les crimes, délits et contraventions. M. le préfet de police a usé de ce droit, il a notifié à l'administration des Postes le réquisitoire par lequel il prescrivait la saisie d'un écrit qu'il jugeait délictueux. Le directeur général a, en vertu de ce réquisitoire, enjoint à ses

---

(1) Même dans ces limites, le droit des préfets avait été longtemps contesté et même dénié, non sans de graves motifs, par l'administration des Postes. En 1841. des écrits injurieux pour la personne de Louis-Philippe avaient été imprimés en Belgique et répandus à profusion dans nos départements limitrophes. Un préfet fut informé qu'un grand nombre de ces imprimés, placés sous bande, allaient être présentés à l'affranchissement dans les bureaux de poste de son département. Il écrivit aux directeurs et à l'inspecteur des postes pour les inviter à ne point admettre ces imprimés à l'affranchissement et à en arrêter momentanément la distribution. Ces fonctionnaires refusèrent d'obtempérer à son invitation. Le ministre des finances, M. Humann, auquel en référa le préfet, approuva le refus de ses agents; il déclara que les considérations d'intérêt public invoquées par l'administration ne pouvaient prévaloir contre un principe supérieur, auquel, dans aucun cas et sous aucun prétexte, il ne pouvait être dérogé en dehors de l'intervention de la justice.

agents de rechercher les lettres suspectes et de les envoyer à Paris où elles feraient l'objet des investigations de l'autorité judiciaire.

La jurisprudence qu'invoque M. le directeur général des Postes, a fait passer, ainsi que nous le disions, les pouvoirs du juge dans les mains des préfets ; mais elle n'a assurément pas prétendu investir les préfets de pouvoirs supérieurs à ceux du juge : elle ne les a pas dispensés de toutes les règles, de toutes les formes imposées par le Code d'instruction criminelle aux recherches des magistrats instructeurs. Ces règles sont précises, ces formes sont rigoureusement déterminées. Le juge d'instruction peut saisir dans les bureaux de poste les lettres adressées à un prévenu ou émanées de lui. Mais il doit immédiatement dresser procès-verbal de la perquisition et de la saisie ; le réquisitoire du procureur impérial en vertu duquel il agit, et qui énonce l'état de prévention des expéditeurs ou des destinataires, doit être remis au directeur du bureau de poste où se fait la saisie, et le juge d'instruction doit donner au directeur un reçu des lettres dont il s'empare.

La jurisprudence qui confère au préfet, en vertu de l'article 10 du Code d'instruction criminelle, les droits les plus étendus de la police judiciaire, l'autorise par là même à faire parvenir aux directeurs des bureaux de poste un réquisitoire signé de lui et à leur donner pour leur décharge un reçu des lettres saisies. Elle l'autorise à faire ces perquisitions et ces saisies *personnellement*, c'est-à-dire par lui-même ou par les agents que les lois et règlements placent immédiatement sous ses ordres. Mais elle ne le dispense pas d'observer les formes légales ; elle ne l'autorise pas à déléguer le droit de perquisition et de saisie dont elle l'investit à des agents étrangers à la police judiciaire, et dont il n'est pas même le supérieur hiérarchique.

C'est, il ne faut pas l'oublier, une attribution de police judiciaire que l'arrêt de 1853 confère aux préfets. C'est à ce titre seul qu'il leur donne le droit de saisir et d'ouvrir les lettres à la poste.

« On s'est préoccupé, disait dans son réquisitoire M. le procureur général de
» Royer, de l'abus possible de ce droit. Il y a contre cet abus deux garanties
» qu'on a trop oubliées : l'une générale, qui résulte de la responsabilité qu'im-
» pose toute haute fonction ; l'autre spéciale et précise qui résulte des disposi-
» tions prévoyantes de la loi elle-même, c'est le devoir de constater l'opération
» par un procès-verbal et de saisir les tribunaux. C'est là... que se trouvent la
» limite et la garantie. »

Où seront les garanties, où seront les limites, si aucune de ces formes protectrices n'est respectée, et si le pouvoir exorbitant accordé aux préfets peut être délégué au directeur ou à la directrice du plus modeste bureau de poste?

IV. Or, comment a-t-on procédé en vertu de la circulaire de M. Vandal et d'après les explications du *communiqué ?*

Un réquisitoire de M. le préfet de police, que nous ne connaissons pas, mais qui indique sans doute l'objet de la prévention et les noms des prévenus, a, paraît il, été notifié à M. le directeur général des Postes. Celui-ci, sans même signaler à ses agents l'existence de ce réquisitoire, leur a ordonné de rechercher les correspondances suspectes et de les expédier à Paris, à l'administration centrale. D'après le *communiqué*, il ne s'agirait plus, pour les agents, comme le dit la circulaire, de *reconnaître* les exemplaires de la lettre de M. le comte de Chambord qui se trouveraient sous bandes ou sous enveloppes closes, mais simplement d'envoyer à Paris les correspondances qui, par leurs signes extérieurs, *paraîtraient pouvoir* motiver les investigations de la justice; et ce serait à Paris seulement et par les soins de l'autorité judiciaire qu'aurait lieu l'ouverture des lettres saisies.

Il résulte de ces explications que si les agents de l'administration des Postes n'ont pas reçu l'ordre *d'ouvrir* les lettres, ils ont du moins reçu l'ordre de les *saisir* et de les saisir sur une simple vraisemblance, sur un soupçon. On remarquera, en effet, que les lettres qu'ils doivent expédier à Paris doivent porter ces mots : « Lettre SAISIE en vertu de l'ordre de l'administration du 24 janvier 1867. » Ce qui n'est pas moins digne de remarque, c'est que ce n'est pas en vertu du réquisitoire de M. le préfet de police agissant dans l'exercice des attributions de police judiciaire dont l'investit la jurisprudence, *mais en vertu des ordres de l'administration* que cette saisie est opérée; elle l'est non par le préfet de police *personnellement*, mais par les agents de l'administration des Postes, qui n'ont ni compétence ni qualité pour l'opérer; elle l'est sans qu'un réquisitoire ait été remis au directeur du bureau, sans qu'un reçu des lettres saisies soit délivré, sans qu'un procès-verbal de la saisie soit dressé. Et si, par une fiction dont la hardiesse étonnerait les moins timides, on considérait cette saisie pratiquée par les agents de l'administration des Postes comme *personnellement* opérée par M. le préfet de police, à quels principes, a quelles règles de compétence rattacherait-on cette perquisition faite *personnellement* par M. le préfet de police de Paris dans un bureau de poste de Lille, de Strasbourg ou de Marseille ? Avions-nous tort d'assimiler une telle mesure à ces saisies administratives imaginées au nom du salut public pour échapper aux entraves des lois ? A-t-on le droit de faire remonter jusqu'à la Cour de cassation, quelle que soit la doctrine consacrée par elle en 1853, la responsabilité d'une telle violation de tous les principes et d'une telle confusion de tous les pouvoirs ?

Nous n'avons pas besoin d'insister sur les conséquences d'un pareil système. De deux choses l'une : Ou les agents de l'administration des Postes ont cru avec le public tout entier et contrairement aux intentions de l'auteur de la circulaire, qu'ils avaient le droit d'ouvrir les lettres qui leur étaient confiées pour y rechercher les écrits qu'on leur demandait de découvrir, et nous avons dit, sans qu'il soit besoin d'y revenir, ce qu'il faudrait penser d'une semblable atteinte portée à l'inviolabilité du secret des lettres ; ou bien, sur un indice, sur un soupçon, sans vérification possible, ces agents ont pu arrêter la circulation de lettres dont rien n'autorisait la saisie : non-seulement ils ont été chargés, au mépris de la loi, d'opérer cette saisie, mais ils ont été investis d'un pouvoir souverain quant au choix des lettres qu'il leur conviendrait de saisir. Si, en effet, l'examen du contenu des lettres leur était interdit, rien ne leur indiquait les lettres sur lesquelles devait porter la saisie : il suffisait pour provoquer une telle mesure d'un de ces *signes extérieurs* sur lesquels l'administration a cru d'ailleurs superflu de s'expliquer ; et il pouvait dépendre du zèle inconsidéré ou de l'erreur d'un agent subalterne d'arrêter la circulation des lettres les plus urgentes et de compromettre les plus graves intérêts privés.

On ne s'est pas apparemment rendu compte des conséquences auxquelles conduirait un tel système. Si, comme on le prétend, le procédé employé est légal, tous les préfets, et à plus forte raison tous les juges d'instruction, peuvent y avoir recours dans toutes les affaires criminelles ou correctionnelles. A l'occasion de toutes les poursuites engagées pour des crimes ou pour des délits de droit commun, chacun d'eux peut requérir les directeurs de tous les bureaux de poste de concentrer, soit à Paris, soit partout ailleurs, les écrits qu'ils supposeront de nature à faciliter les recherches de la justice. Le magistrat instructeur n'aura plus besoin de se transporter, comme il le faisait jusqu'ici, dans tel bureau de poste déterminé pour y opérer, avec les formalités légales, les perquisitions nécessaires ; il pourra suspendre à son gré, d'une extrémité de la France à l'autre, la circulation des correspondances privées ; il pourra investir tous les agents de l'administration des Postes du pouvoir de saisir aveuglément et sans contrôle toutes les lettres qu'ils jugeront suspectes.

La provenance, le caractère de l'écriture, le nom du destinataire, le cachet de la lettre, sont autant de *signes extérieurs* qui appellent les soupçons ; et des entraves apportées, sur de tels indices à l'envoi ou à la distribution d'une correspondance privée, peuvent dépendre, dans des circonstances données, le crédit d'une maison de commerce, la fortune et jusqu'à l'honneur d'une famille !

V. C'en est assez pour expliquer l'universelle et profonde émotion qu'a causée la circulaire du 24 janvier 1867.

Il n'est personne qui ne puisse se sentir atteint par de semblables pratiques, si l'on ne revient promptement au respect des formes et des prescriptions de la loi, déplorablement mises en oubli. La jurisprudence adoptée en 1853 par les chambres réunies de la Cour de cassation, ne justifie pas, nous croyons l'avoir démontré, les actes arbitraires qu'a cru pouvoir se permettre, en 1867, l'administration des Postes. Mais nous devons ajouter qu'en portant une première atteinte à des principes jusqu'alors unanimement consacrés, en permettant un premier envahissement à l'administration sur le domaine de la justice, elle a rendu possibles des abus que nul n'aurait osé soupçonner. L'expérience, sur ce point comme sur beaucoup d'autres, n'a que trop justifié ces paroles de M. Vivien, dont il importe de se pénétrer de nos jours :

« Si l'administration se substituait à la justice, elle serait exposée à subor-
» donner les droits privés à l'intérêt public, à méconnaître, en vue du salut de
» l'Etat, la propriété, la liberté, et à mettre l'arbitraire à la place du droit.
» *Le jour où la justice tomberait entre les mains de l'administration, il n'y aurait*
» *plus pour les citoyens ni garantie ni sécurité.* »

ALBERT GIGOT,

Avocat au Conseil d'Etat et à la
Cour de Cassation.

ADHÉSIONS A LA CONSULTATION DE Mᵉ ALBERT GIGOT

BARREAU DE LA COUR DE CASSATION ET DU CONSEIL D'ÉTAT

Le soussigné adhère entièrement aux considérations morales et juridiques de la consultation qui précède.

C'était autrefois une véritable superstition que la croyance à l'impossibilité de gouverner sans décacheter les lettres des particuliers. Une très-curieuse épitre de madame de Maintenon en contient l'aveu. Cependant la Révolution est à peine inaugurée que d'un souffle elle dissipe ce sophisme monarchique. Par malheur le coup d'État de brumaire, en restaurant l'ancien régime dans les lois économiques et politiques, rétablit aussi ses coutumes, et le Cabinet noir redevient une institution. Mais s'ensuit-il qu'on ait remis en vigueur la loi de Louis XI ? Là est la question.

L'article 187 du Code de procédure y répond en punissant la violation du secret des lettres. Dans ces conditions, on s'explique l'émotion qu'a causée une circulaire en contradiction si choquante avec les principes mêmes de notre droit public.

On dit, pour justifier cette circulaire, que l'art. 10 du Code d'instruction criminelle « autorise les magistrats chargés de la police judiciaire d'opérer entre les mains de l'administration des postes la saisie des lettres qui *peuvent servir à constater les crimes ou délits.* »

Il y a dans cette explication une confusion manifeste. Ce n'est pas la police judiciaire qui saisit ou requiert la saisie des correspondances ; d'après la circulaire de M. le directeur des postes, ce sont les agents de l'administration, agissant, non en vertu d'une délégation que l'autorité judiciaire n'aurait pu leur donner, ou d'un mandat ayant pour objet la recherche des éléments destinés à la constatation d'un crime ou d'un délit déterminé imputé à un individu ou à des individus déterminés, mais par l'effet d'un ordre général, qui n'allègue pas même le caractère délictueux de l'écrit imputé à M. le comte de Chambord, et qui embrasse toutes les correspondances sans distinction de caractères ou de personnes.

Nous n'ignorons pas que M. le préfet de police est dans l'usage de lancer des mandats généraux qui ressemblent singulièrement à l'ordre de M. le directeur des postes (1). Mais M. le directeur des Postes n'est pas M. le préfet de police, et l'art. 10 du Code d'instruction criminelle ne couvre point son excès de pouvoir.

Il est au moins douteux, d'ailleurs, que cet article autorise le préfet à porter atteinte à l'inviolabilité du secret des lettres. Les motifs de l'arrêt de 1853 que l'on invoque et sur lequel la controverse est loin d'être close, ne sont pas de nature à justifier cette attribution. « Qu'il n'est pas possible d'admettre, dit en effet la Cour de cassation, *sans blesser les* » *principes de la morale et de la raison*, que l'administration des postes serve à couvrir de » l'impunité des faits punissables ;... que le droit de saisie a *constamment* été exercé par le » préfet de police ; qu'il a *constamment* fourni aux tribunaux des pièces probantes ; qu'on » ne saurait ébranler un tel droit sans de graves dangers pour la vindicte publique, puisqu'il » a été attesté par l'expérience que, grâce à son exercice, le préfet de police s'est montré » l'auxiliaire le plus actif et le plus utile de la justice répressive. »

Ces motifs incontestablement ne prouvent pas que le législateur ait fait exception en faveur du préfet de police, à un des principes les plus sacrés de notre droit public. Ce n'est pas par voie d'interprétation, du reste, que peuvent s'induire de telles conséquences. Autrement, dans cette voie, le texte ne tarderait pas à être étouffé sous la glose. Par suite, l'article 187 du Code de procédure deviendrait une sorte de relique stérile, tandis qu'il a pour but de donner aux citoyens la faculté de poursuivre en justice les auteurs des profanations commises sur leurs correspondances, quels qu'ils soient.

HIPPOLYTE DUBOY,
Avocat à la Cour de cassation

J'adhère sans réserve à la consultation délibérée par mon confrère A. Gigot, et j'en adopte tous les motifs, en insistant particulièrement sur la question de compétence.

M. le Préfet de police ne pourrait faire des perquisitions dans les bureaux de poste qu'en

---

(1) Voici la formule des mandats du préfet de police :

Nous, préfet de police,

Vu les renseignements à nous parvenus desquels il résulte *qu'un dépôt de livres et d'écrits contenant des attaques contre le gouvernement impérial existerait chez le sieur Maurice Joly ;*

En vertu de l'art. 10 du Code d'instruction criminelle,

Requérons le commissaire de police ou AUTRES, en cas d'empêchement, de se transporter chez le susnommé et partout où besoin sera, à l'effet d'y rechercher et saisir tous papiers, écrits imprimés, correspondances d'une nature suspecte, *armes, munitions de guerre et généralement tous objets susceptibles d'examen.*

Mandons, en outre, audit commissaire de police, si le *cas le requiert, de faire amener à la préfecture de police le sieur...* pour être procédé ainsi qu'il appartiendra.

Signé : BOITEILE.

16 mars 1865.

qualité d'officier de police judiciaire, c'est-à-dire personnellement et en suivant toutes les formes qui sont du moins une garantie nécessaire, sinon suffisante, contre les abus possibles d'un tel pouvoir ; — il ne peut donc, par un réquisitoire, mettre en mouvement le personnel de l'administration des postes, qui ne lui est pas subordonnée, requérir cette administration d'opérer elle-même une saisie, de quelque nom qu'on la nomme, et *cela dans tout le territoire de l'empire*, puisque la fonction du Préfet de police, officier de police judiciaire, est territorialement limitée au département de la Seine, et peut-être à quelques communes de Seine-et-Oise. — Le Préfet de police, en qualité d'officier de police judiciaire, ne peut rien de plus que ne pourrait un juge d'instruction ; or, il ne saurait entrer dans la pensée de personne, qu'un juge d'instruction dont la compétence est limitée au ressort de son tribunal pût enjoindre à l'administration des postes, et à tous les bureaux de France, d'arrêter toutes les correspondances d'apparence plus ou moins suspecte, suivant qu'en jugeraient les employés de ces bureaux, et sans autre forme d'ailleurs, et de les centraliser à Paris ou partout ailleurs pour les tenir à sa disposition. A une injonction de ce genre, l'administration des postes ne devrait opposer qu'un refus absolu.

De telles questions, au point de vue du droit et de la légalité, ne se discutent pas.

AUG. POUGNET,

Docteur en Droit, avocat au Conseil d'Etat
et à la Cour de cassation.

J'adhère à la consultation de mon confrère Mᵉ Albert Gigot. Je pense avec lui que, résolue d'avance par la raison et la conscience publique, la question proposée à son examen ne peut faire naître l'hésitation dans l'esprit d'aucun jurisconsulte. En droit, la circulaire du 24 janvier est injustifiable, et en invoquant pour la justifier l'arrêt du 21 novembre 1853 l'auteur du *communiqué* du 9 février a prononcé lui-même sa condamnation.

Il ne s'agissait pas seulement de savoir en 1853 si le droit de saisie appartenait aux préfets comme aux juges d'instruction, mais aussi si le préfet pouvait, comme cela avait eu lieu, se dispenser d'agir personnellement, et déléguer un commissaire de police pour saisir en son lieu et place.

Statuant sur cette dernière question, l'arrêt des Chambres réunies s'est exprimé ainsi :

« Attendu qu'en déléguant pour le représenter un commissaire de police, le préfet de
» police n'en n'a pas moins agi *personnellement* aux termes de l'art. 10 du Code d'inst. crim.
» puisque l'ordre de saisie émanait de lui, et que d'après l'arrêté des consuls du 9 messidor
» an VIII, les commissaires de police sont *immédiatement placés sous les ordres, et à la dis-*
» *position du préfet de police*; que dans ces circonstances l'arrêt attaqué qui a décidé que le
» préfet de police a légalement procédé, loin de violer aucune loi, s'est, au contraire, con-
» formé aux art. 8 et 10 du Code d'inst. crim. — Rejette. »

Voici, de plus, un extrait des conclusions de M le procureur général de Royer.

« Ce moyen, dit-il, consiste à soutenir qu'aux termes de l'art. 10 le préfet devrait agir
» *personnellement*, et qu'il s'est borné à requérir un commissaire de police qui n'avait pas le
» même droit que lui. La réponse est dans l'art. 16 de la loi du 27 ventôse an VIII, et dans

» l'art. 35 de l'arrêté du 12 messidor. Le préfet de police *a sous ses ordres les commissaires*
» *de police.* »

Et M. de Royer s'appuie sur l'auteur du traité des procès-verbaux, qu'il cite en ces
termes :

« Les pouvoirs, dont l'art. 10 du Code d'instruction criminelle investit les préfets, dit
» M. Mangin, leur sont personnels, ils ne peuvent les déléguer. Ne concluez pas de là, cepen-
» dant que, quand un préfet a, dans les limites de sa compétence, décerné un mandat d'a-
» mener, il soit absolument obligé de procéder en personne à l'interrogatoire de l'inculpé,
» que quand il a prescrit une visite domiciliaire, il soit tenu de la faire lui même. Il peut
» déléguer pour l'exécution de ses ordres *un officier de police judiciaire, ayant caractère*
» *pour en donner ou en recevoir de semblables.* »

De tout cela il résulte que si, en 1853, on a décidé que le préfet avait agi régulièrement en
déléguant un commissaire de police pour saisir en son lieu et place, cela a tenu uniquement
à ce qu'on a considéré que les commissaires de police étaient ses agents, et, qu'officiers
de police adjoints, ils avaient caractère pour exécuter les mandats qui leur étaient confiés
par le chef dont ils dépendaient directement.

Mais les employés des Postes auxquels le communiqué reconnaît que, pour plus de commo-
dité, M. le préfet de police a délégué dans l'espèce au moins une partie de ses prétendues
attributions, celle de saisir par toute la France les correspondances qui leur paraîtraient
suspectes de contenir la circulaire de M. le comte de Chambord, et d'envoyer, sans plus de
formalités, ces correspondances à Paris, sont-ils dans la même situation que les commissaires
de police ? Poser une telle question, c'est évidemment la résoudre. Il est certain, en effet,
que les agents de l'administration des Postes ne dépendent nullement du préfet de police, ni
d'aucun autre préfet, qu'ils sont exclusivement placés sous les ordres du ministre des finances.

Ce ministre n'ayant jamais exercé personnellement, jusqu'à ce jour du moins, aucune attribution de police, ils ne sauraient, dès lors, à aucun point de vue, être investis, même
accidentellement, de la qualité d'officiers de police judiciaire adjoints, ou d'agents d'exécution.

L'incompétence des employés de la Poste résulte au surplus et surabondamment de la nature même des fonctions qui leur sont confiées ; dépositaires de nos correspondances privées
spécialement chargés, sous la foi du serment, de les remettre fidèlement à destination, comment concevoir qu'ils puissent avoir en même temps mission de faire un choix parmi ces
correspondances, et de détourner celles qui leur paraîtraient suspectes ?

La seule autorité invoquée à l'appui de la circulaire du 24 janvier se tournant contre elle,
l'argumentation du communiqué n'est pas seulement défectueuse, elle est absolument nulle
et sans valeur.

CHARLES HÉRISSON,
Docteur en droit, avocat au conseil d'Etat et à la Cour de cassation

J'adhère de la manière la plus complète à la consultation de mon confrère et ami A. Gigot.

La circulaire de M. le directeur général des Postes est un de ces actes que certaines considérations politiques peuvent expliquer sans les justifier ; mais qui, envisagés au point de vue purement légal, heurtent de front tous les principes du droit.

Même en prenant pour point de départ :

En droit, l'arrêt du 21 novembre 1853 ;

En fait, l'interprétation de la circulaire telle qu'elle est donnée par le communiqué,

On n'en est pas moins nécessairement conduit aux conclusions suivantes :

D'après l'arrêt de 1853, le préfet de police ne peut opérer la saisie des correspondances confiées à l'Administration des postes que personnellement, ou par les agents, tels que les commissaires de police, immédiatement placés sous ses ordres et à sa disposition, et munis d'une délégation spéciale émanée de lui ;

Tandis que, d'après la circulaire et ce communiqué, pareille délégation aurait été donnée par M. le préfet de police à M. le directeur général des postes, qui n'est à aucun titre officier ni agent de la police judiciaire, chargé de rechercher les crimes, délits et contraventions, d'en rassembler les preuves, et d'en livrer les auteurs aux Tribunaux (art. 8, C. inst. crim.), et encore moins placé sous les ordres et à la disposition immédiate de M. le préfet de police ; bien plus, le droit de saisir les correspondances suspectes aurait été délégué en sous-ordre par M. le directeur général des postes à tous les receveurs des postes ; ce qui constitue une aggravation, ou plutôt une altération et une interversion de la doctrine de l'arrêt de 1853, dont la gravité et les conséquences n'échapperont à personne.

Aux termes de l'art. 10 du Code d'instruction criminelle et de l'arrêt de 1853, c'est seulement à Paris, ou tout au plus dans le département de la Seine, que le préfet de police peut exercer personnellement ou déléguer à ses agents le droit de saisir les correspondances privées.

Le décret du 30 novembre 1859 a étendu, il est vrai, à toute la France, la compétence du préfet de police comme fonctionnaire chargé de la police administrative. Mais il n'a ni étendu ni pu étendre sa compétence comme officier de police judiciaire, telle qu'elle est déterminée par la loi ;

Tandis que, d'après la circulaire et le communiqué, le préfet de police prétendrait s'arroger le droit de faire opérer, comme officier de police judiciaire, les saisies de correspondances privées par toute la France.

Ainsi, même en se plaçant sur le terrain choisi par l'administration pour sa défense, même en lui faisant toutes les concessions qu'elle demande, la circulaire de M. Vandal n'en reste pas moins exposée aux critiques les mieux fondées et les plus incontestables.

C'est pourquoi j'adhère sans réserve aux conclusions de la consultation qui précède.

PAUL JOZON,
Docteur en droit, avocat au Conseil d'État et à la Cour de cassation

Le soussigné, docteur en droit, avocat au conseil d'Etat et à la Cour de cassation,

Consulté sur les documents qui précèdent,

Adopte pleinement l'avis émis en la consultation de son honorable confrère, M⁰ Gigot.

Le soussigné tient pour absolument exactes les déclarations et explications de fait données dans le *Communiqué*, par M. le directeur général. Mais il ne peut, en aucune façon, admettre la thèse de droit qu'on y affirme.

Sans reproduire ici toutes les excellentes raisons développées dans la consultation et qui font clairement apparaître l'arbitraire de la mesure prise par l'administration des postes, et le péril social qui résulterait de sa consécration en principe, nous nous permettrons d'ajouter un mot sur un arrêt de 1853, sous la protection duquel a cru devoir se réfugier l'auteur du *Communiqué*.

Que décide cet arrêt de 1853, auquel nous avons résisté de toute la force de notre conviction ? Il se borne à donner au préfet le droit qui, selon nous, n'appartient qu'au juge d'instruction, de *rechercher*, de *saisir* et d'*ouvrir* à la poste, pendant le cours d'une instruction commencée, telle ou telle lettre, désignée dans le mandat de perquisition ou de saisie, et pouvant fournir des renseignements utiles sur l'*objet* ou le *sujet* de la poursuite commencée.

Mais aux termes de ce même arrêt, ce droit de *recherche*, de *perquisition* et de *saisie* dans les bureaux de l'administration des postes, le préfet *est obligé de l'exercer par lui-même ou par un de ses auxiliaires, par un commissaire de police* par exemple. Il a les pouvoirs du juge d'instruction ; il n'en a pas davantage, et c'est bien assez !

Voilà ce que concède l'arrêt de 1853 ; mais il ne va pas plus loin ; il se garde bien d'investir les employés des postes, *directement* ou par *délégation*, des fonctions qu'on a cru pouvoir, sans trop de danger, attribuer aux préfets.

Le *Communiqué* proteste, il est vrai, contre la pensée qu'on pourrait prêter à M. le directeur général des postes d'avoir voulu autoriser l'ouverture des lettres par les employés subalternes de l'administration des postes : soit ; mais le *Communiqué* reconnaît et déclare que la mission donnée aux employés était *au moins de surveiller toutes les correspondances placées soit sous bandes, soit sous enveloppes closes, d'en faire des paquets et de les adresser au receveur principal des postes à Paris, avec les mots suivants :* LETTRE SAISIE EN VERTU DE L'ORDRE DE L'ADMINISTRATION DU 24 JANVIER 1867.

Ainsi, les lettres *étaient bien recherchées et saisies par les employés des postes à Paris ou ailleurs, en vertu de l'ordre de l'administration.*

Or, si l'arrêt de 1853 assimile le préfet au juge d'instruction, s'il ne lui reconnaît le droit d'ouvrir les lettres recherchées et saisies, *que s'il exerce ce droit par lui-même ou par un de ses auxiliaires, il ne lui reconnaît le droit de les rechercher ni de les saisir qu'au même titre et dans les mêmes limites, c'est-à-dire par lui-même ou par un de ses auxiliaires.*

Il y a donc incontestablement dans la circulaire incriminée telle qu'elle est expliquée par le *Communiqué* lui-même, une double infraction au principe reconnu par l'arrêt de 1853 : 1° *En ce que l'ordre général de rechercher et de saisir a été donné par le directeur général des postes aux agents de cette administration, et non par le préfet de police ou l'un de ses délégués nécessaires ;* 2° *en ce que les recherches et les saisies ont été opérées par les employés des postes, de tous les degrés, alors qu'elles ne pouvaient l'être, aux termes de l'arrêt de 1853 lui-même, que par le préfet de police personnellement ou par l'un de ses auxiliaires ; art. 8 et 10 du Code d'instruction criminelle.*

Il n'est pas nécessaire, nous le croyons, de signaler l'immense arbitraire et les graves dangers qui résulteraient de la doctrine exposée dans le *Communiqué*.

Et nous nous demandons comment une administration aussi intelligente que l'administration des postes a pu se méprendre à ce point sur la portée de l'arrêt de 1853, dont les termes répugnent si absolument à l'interprétation du *Communiqué.*

Comment n'a-t-elle pas compris que, en transformant ainsi les employés de cette administration, M. le directeur général tout le premier, en auxiliaires de la police judiciaire, elle altérait profondément à la fois le caractère de deux grandes institutions qui ont pour base la confiance qu'elles inspirent, l'une par son impartialité, l'autre par sa fidélité et par sa discrétion !

A. BOSVIEL.

J'adhère entièrement aux conclusions de la consultation qui précède.

La *Circulaire de M. le directeur général des postes*, en date du 24 janvier 1867, comportait un doute : s'agissait-il de ce qu'on appelle, dans un langage nouveau, une saisie administrative ? s'agissait-il d'une saisie judiciaire ?

S'il se fût agi d'une saisie administrative, il eût été inutile de s'adresser à des jurisconsultes pour déterminer la légalité de l'acte : le droit est étranger à cette matière.

Mais le *Communiqué* a fait disparaître l'hésitation en nous disant qu'il s'agissait d'une saisie judiciaire. La question de légalité peut donc être examinée.

Le *Communiqué*, dans sa première partie, soutient que la saisie est régulière. Il fonde cette prétention sur l'arrêt de la Cour de cassation du 21 novembre 1853 qui, dit-il, « établit que » le préfet de police à Paris et les préfets dans les départements sont investis, en leur qua- » lité d'officiers de police judiciaire, des attributions dévolues par le Code d'instruction cri- » minelle aux magistrats instructeurs. » Or, le *Communiqué* nous apprend qu'un réquisitoire du préfet de police a prescrit la saisie de la lettre du comte de Chambord ; et il conclut : « Le droit n'est donc pas controversable. »

Le *Communiqué* omet de rappeler, mais il admet nécessairement, avec l'arrêt de la Cour de cassation, que le droit des préfets ne peut s'exercer qu'au cas où il existe une prévention de crime, délit ou contravention ; de sorte qu'il nous fait connaître implicitement l'existence d'une poursuite relative à la lettre du comte de Chambord. Cette poursuite suivra sans doute son cours ; elle est un fait affirmé par l'administration, ne le contestons pas. Ne contestons pas davantage la doctrine de l'arrêt de la Cour de cassation, quelques réclamations qu'elle ait soulevées.

L'arrêt accorde le droit de saisie *au préfet de police à Paris et aux préfets dans les départements.*

Or, la circulaire du directeur général des postes s'adresse *aux agents des postes;* elle leur enjoint, à eux-mêmes et à eux seuls, « de reconnaître et de retenir » les lettres et de les envoyer à Paris avec cette étiquette : « Lettre saisie en vertu de l'ordre de l'administration du 24 janvier 1867. » A supposer que, en vertu du réquisitoire du préfet de police et de la poursuite commencée, cet ordre de saisie pût être adressé par le directeur général aux agents des postes du ressort dans lequel s'exerce l'autorité du préfet de police, il est évident qu'il ne pouvait l'être aux agents des circonscriptions territoriales auxquelles cette autorité ne s'étend pas.

L'illégalité de l'ordre n'est donc pas contestable.

Au surplus, dans sa seconde partie, le *Communiqué* avoue cette illégalité. « Pour parvenir » à généraliser la mesure, dit-il, l'autorité judiciaire *aurait dû* faire des réquisitions dans » tous les bureaux de poste de France. » Ajoutons, pour nous placer dans les termes de l'arrêt de la Cour de cassation, que les préfets eussent eu le même droit.

Mais ni les préfets ni aucuns autres officiers de police judiciaire n'ont fait les réquisitions nécessaires.

On se demande, après cet aveu du *Communiqué*, s'il reste quelque chose à discuter. Ce n'est assurément pas le motif allégué par l'administration qui peut arrêter un instant l'esprit : ce motif consiste à se prévaloir du peu d'importance « de l'incident, » c'est-à-dire sans doute du peu d'intérêt politique qu'il y avait à empêcher la propagation de la lettre du comte de Chambord.

Aujourd'hui que la *Circulaire du directeur général des postes* a donné à cette lettre une notoriété qu'elle n'avait pas et qu'elle ne paraissait pas destinée à obtenir, on peut juger du plus ou moins d'importance « de l'incident. »

Mais ce n'est pas par la considération de l'importance qu'on établit la légalité d'un acte. D'ailleurs, cette considération est plutôt de nature à effrayer qu'à rassurer : si l'on ne craint pas de méconnaître la loi quand il s'agit d'un « incident » sans importance, que fera-t-on donc quand les circonstances paraîtront plus graves?

L'émotion publique a déjà répondu à cette question. Elle a prouvé une fois de plus la sagesse de la loi qui frappe d'un châtiment criminel non pas seulement l'ouverture, mais la suppression des lettres confiées à la poste.

Délibéré à Paris, le 18 février 1867.

F. HÉROLD,

Docteur en droit, avocat au Conseil d'Etat
et à la Cour de cassation.

ORDRE DES AVOCATS A LA COUR DE CASSATION

Les soussignés, avocats au conseil d'Etat et à la Cour de cassation, adhèrent à la consultation de Me Albert Gigot :

MM. Mazeau. — Gouse. — Diard. — Potel. — Maulde. — Labordère. — De la Chère. — J. Bozérian. — Tambour. — Pinel. — Bellaigue. — Roger. — Chambareaud. — Tenaille de Saligny. — Georges Salveton. — Dubeau.

BARREAU D'AIX EN PROVENCE,

Les avocats soussignés.

Après avoir pris connaissance de la consultation de M⁰ Albert Gigot, avocat au conseil d'Etat et à la Cour de cassation, sur la légalité de la circulaire de M. le directeur général des postes, en date du 24 janvier 1867, et sur le mérite des explications contenues dans le *Communiqué* auquel a donné lieu la publication de cette circulaire par la *Gazette de France*,

Déclarent adhérer aux solutions qui y sont données.

Ils estiment :

1º Qu'il est impossible de ne pas trouver dans le texte de la circulaire l'ordre donné aux employés des postes de découvrir le document signalé, même sous les enveloppes closes : par conséquent de l'y chercher, même en *franchissant la clôture*, et que l'illégalité flagrante d'un pareil procédé, qui constituerait une violation du secret des correspondances, est un point sur lequel toute contradiction est évidemment impossible ;

2º Que l'interprétation donnée à la circulaire par le *Communiqué* ne la met pas à l'abri de ce reproche. C'est en effet violer encore le secret des correspondances que de chercher à savoir, par des indications tirées des apparences extérieures d'un pli scellé, quel en peut être le contenu. Le bris du cachet n'a pas d'autre but ni d'autre résultat. La question est donc toujours de savoir si d'autres que le juge d'instruction, dans les cas prévus par les art. 87 et 88 du Code d'instruction, ont le droit de pénétrer le secret des correspondances, et si, alors même que, conformément à la jurisprudence des chambres réunies de la cour de cassation, les préfets auraient les mêmes droits que les juges d'instruction, il serait possible de trouver dans cette assimilation la justification de la *circulaire* interprétée par le *Communiqué*.

A cet égard, les soussignés adoptent entièrement la solution négative et les motifs donnés à l'appui dans la consultation.

Délibéré à Aix, le 23 février 1867.

> J. Crémieu, bâtonnier. — J. Bédarride, ancien bâtonnier. — J. Tassy, ancien bâtonnier. — A. Arnaud, ancien bâtonnier.— E. Mistral, ancien bâtonnier.— J. de Séranon, avocat à la cour impériale. — Charles Tavernier, avocat à la cour impériale.— Fernand Bouteille, avocat à la cour impériale. — Charles Bessat, ancien bâtonnier du barreau de Toulon. — L. Pons, avocat à la cour impériale. — M. Reboul, avocat à la cour impériale. — A. Lyon, avocat à la cour impériale.

BARREAU D'ANGERS

Les soussignés, avocats à la Cour impériale d'Angers,

Après avoir pris connaissance de la consultation rédigée, sur la demande de M. le directeur de la *Gazette de France*, par Mᵉ Albert Gigot, avocat à la Cour de cassation, à l'occasion de la circulaire de M. Vandal, directeur général des Postes, portant la date du 24 janvier 1867, et du *Communiqué* adressé aux journaux qui ont publié cette circulaire,

Déclarent donner à cette consultation une adhésion sans réserve.

Sur une question qui met en jeu les plus graves intérêts de tous et de chacun, et « que » la raison et la conscience publiques ont tranchée d'avance, » comme le dit très-justement Mᵉ Albert Gigot, il ne saurait, en effet, y avoir, parmi les jurisconsultes, qu'une seule et même opinion.

> MM. Ph. Bellanger, bâtonnier. — Guit'on aîné, ancien bâtonnier et membre du conseil de l'ordre. — Jules Guitton, ancien bâtonnier, membre du conseil. — Fairé, ancien bâtonnier, membre du conseil de l'ordre. — E. Affichard, secrétaire du conseil de l'ordre. — Th. Bigot. — Bonneau, ancien bâtonnier. — Ph. Bellanger, ancien bâtonnier. — Cubain. — A.-E. Aubry, docteur en droit. — Ch. Rousseau. — Deleurie. — Bureau du Colombier.

Angers, 22 février 1867.

BARREAU DE NANTES

Les avocats du barreau de Nantes, soussignés, après avoir pris connaissance de la Consultation de Mᵉ Albert Gigot, avocat à la Cour de cassation et au Conseil d'Etat, déclarent y adhérer sans réserve.

Ils pensent avec Mᵉ Allou, bâtonnier du barreau de Paris, que les principes professés par l'administration dans cette circonstance appellent l'énergique protestation de tous les hommes de droit et de liberté.

Délibéré à Nantes, le 4 mars 1867.

> P.-E. Berthault, bâtonnier. — Waldeck-Rousseau, ancien bâtonnier. — Lecadre, ancien bâtonnier. — Ménard, ancien bâtonnier. — Maisonneuve, ancien bâtonnier. — Coquebert, membre du Conseil de l'ordre. — Besnard de la Giraudais, ancien bâtonnier. — Daniel Lacombe, ancien bâtonnier. — Bonamy, membre du Conseil de l'ordre. — Maugars, ancien bâtonnier. — Laennec. — Charyau. — Léon Fleury. — Conétout. — Mollat. — Le Romain. — Lallié, docteur en droit. — Le Bourdais. — H. Thibeaud Nicollière. — Paul Thibaud. — Robino-Bertrand. — Gautté. — Halgan. — Bruneteau. — Raymond David. — Van-Iseghem. — Boquien. — Ferrer. — Colombel. — Giraudeau. — Guibourd, docteur en droit, — Cardou. — Talvande, docteur en droit.

BARREAU DE BESANÇON

Les soussignés, avocats à la cour de Besançon, adhèrent aux conclusions de la consultation de Me Gigot.

Ils considèrent la circulaire du 24 janvier et le *Communiqué* qui l'a suivie comme la négation et la violation manifeste des principes les plus essentiels de droit, de morale publique et de liberté. C'est la suppression radicale de toutes les garanties qu'entendait au moins réserver l'arrêt des chambres réunies.

Mais cet arrêt lui-même, les soussignés le regardent comme une regrettable déviation des principes. Ils sont convaincus, avec M. Faustin Hélie, qu'une jurisprudence qui a pour résultat « de faire passer dans les mains des préfets les pouvoirs du juge, » constitue « la confusion des pouvoirs et le renversement des règles du Code. » Rien ne pouvait mieux montrer les dangers de cette jurisprudence que les actes à l'appui desquels on invoque aujourd'hui son autorité.

Forien, bâtonnier. — Mathiot. — Albert Grévy. — A.-G. Oudet. — Tripart. — Louis Bouvard. — C. Melcot. — Chofardet.

BARREAU DE CHAMBÉRY

Le soussigné, après avoir pris connaissance de la consultation délibérée à Paris, par Me Albert Gigot, au sujet de la circulaire de M. le directeur général des postes, du 24 janvier 1867, déclare adhérer entièrement aux résolutions qui y sont adoptées.

Chambéry, 23 février 1867.

PERRIER DE LA BÂTHIE,
avocat, bâtonnier.

Les soussignés, avocats du barreau de Chambéry, déclarent adhérer sans réserve aux résolutions adoptées dans la consultation de Me Albert Gigot.

Chambéry, le 23 février 1867.

Cornier, ancien bâtonnier. — J.-B. Finet, avocat. — Grand. — Aimé Bouvier. — H. Laracine. — L. Berthel. — P. Pognient, ancien bâtonnier. — P. Charles. — Desarnoit. — P. Goybet. — N. Parent, avocat. — Cl.-Am. Rosset. — M. de Chevilly. — Bovaguet (Alfred). — Arnaud, avocat. — Pillet. — J. Robesson, avocat. — B. Richard, avocat. — Vernaz. — F. Frumy. — A. Burdinet, avocat. — Camille Cousset, avocat. — F. Vallet. — J. Montagnole. — Charles Roman. — Fay.

BARREAU DE COLMAR

Les soussignés, anciens bâtonniers, membres du conseil de discipline de l'ordre des avocats, déclarent donner leur pleine adhésion aux consultations délibérées par Me Gigot, avocat à la Cour de cassation, et par Me Plocque, et Me Paul Andral, avocats à la cour impériale de Paris, sur l'illégalité de la circulaire de M. le directeur général des postes, du 24 janvier 1867.

> MM. Joseph Fleurent. — H. Kugler. — Ch. Gérard, ancien représentant à la Législative. — J. Chauffour, ancien représentant à la Constituante.

BARREAU DE GRENOBLE

Les soussignés, avocats au barreau de Grenoble, déclarent donner leur adhésion entière et sans réserve à la consultation délibérée par Me Albert Gigot sur l'illégalité de la circulaire de M. Vandal, directeur général des postes.

Grenoble, 25 mars 1867.

> Victor Arnaud, bâtonnier. — E. Denantes, ancien bâtonnier, doyen de l'ordre. — Casimir de Ventavon, ancien bâtonnier. — A. Michel Ladichère, ancien bâtonnier. — E. Nicollet, ancien bâtonnier. — Sisteron, ancien bâtonnier. — Dupéron, ancien bâtonnier. — Aug. Arnaud. — B. Morel. — Farge. — Bernard. — A. Bovier-Lapierre. — R. Pain. — J.-E. Reynaud. — Edouard de Ventavon. — Amédée Nicollet.

La circulaire du 24 janvier mérite d'être examinée : 1° dans ses rapports avec le réquisitoire du préfet de police lu à la séance du Corps législatif du 22 février, par le ministre d'État, et avec le *communiqué* à la *Gazette de France*; 2° au point de vue plus général de l'inviolabilité du secret des lettres.

I. L'illégalité de la circulaire de M. Vandal est d'autant plus frappante que cet éminent fonctionnaire n'a tenu aucun compte des limites que lui traçait le réquisitoire.

En effet :

1° Le réquisitoire est motivé sur ce que « un écrit *autographié*, signé Henry, daté de Froshdorf, le 9 décembre 1866, et traitant de matières politiques, serait distribué par la voie de la poste, bien qu'*il ne soit pas timbré*, contrairement aux dispositions de l'art. 9 du décret du 17 février 1852 ; — qu'*il ne porte pas de nom d'imprimeur*, en infraction à l'art. 17 de la loi du 21 octobre 1814 ; — que *la déclaration préalable et le dépôt légal* n'en aient point été faits, contrairement aux dispositions des art. 14, 15 et 16 de la même loi; — et qu'enfin *le dépôt* prescrit par l'art. 7 de la loi du 27 juillet 1849 *n'ait point été effectué au parquet de M. le Procureur impérial.*

2° Le préfet de police requiert « *M. Marseille, commissaire de police*, de se transporter à *l'hôtel de l'administration des postes, rue Jean-Jacques-Rousseau*, à l'effet d'*y* saisir ledit écrit. »

Ainsi, le préfet de police ne voit dans l'écrit autographié que des contraventions aux lois sur l'imprimerie. L'écrit en lui-même n'est point incriminé, et la teneur de ce document ne paraît revêtir aucun caractère délictueux.

Le directeur général des postes, au contraire, ne se préoccupe nullement, dans sa circulaire, des contraventions aux lois qui régissent l'imprimerie. Son administration a simplement reçu l'ordre, dit-il, d'*empêcher*, pour ce qui le concerne, *l'introduction en France* et la distribution de la lettre autographiée ; il s'agit, suivant lui, d'un écrit qu'il importe d'arrêter.

Quant au *Communiqué*, il garde le même silence à l'égard des contraventions aux lois sur l'imprimerie; mais il trouve dans la lettre autographiée un *caractère délictueux* et une *attaque contre le gouvernement*. C'est une troisième manière d'envisager l'écrit. Le *Communiqué* transforme par conséquent en délits politiques les simples contraventions qui motivent le réquisitoire.

En second lieu, le préfet de police circonscrit l'effet de son réquisitoire, au seul *hôtel de l'administration des Postes, rue Jean-Jacques-Rousseau*, et ce n'est pas sans raison : ainsi que l'a reconnu le ministre d'Etat, « la compétence du préfet de police est purement territoriale, » et « l'art. 10 du Code d'instruction criminelle, en déclarant que le préfet de police à Paris, et les préfets dans les départements, ont le droit de faire des actes de police judiciaire, a tranché la question en délimitant la compétence de ces divers agents quant au territoire. » (Séance du Corps législatif du 22 février). Et cette compétence territoriale du préfet de police, *en tant qu'officier de police judiciaire*, n'a jamais subi aucune extension (1).

---

(1) Il existe bien un décret du 30 novembre 1859, d'après lequel « le préfet de police est *sous l'autorité du ministre de l'intérieur*, chargé de la direction générale de la sûreté publique. » Mais, outre qu'un décret rendu en 1859, c'est-à-dire en dehors de la période dictatoriale qui a pris fin le 22 mars 1852, ne pourrait déroger aux dispositions du Code d'instruction criminelle, M. Billault. alors ministre de l'intérieur, dit explicitement, dans le rapport qui précède le décret, que le changement apporté à la mission du préfet de police

Or, M. Vandal, loin de circonscrire l'effet du réquisitoire dans les limites de l'hôtel des Postes, à Paris, prescrit à tous les receveurs des postes de France de s'emparer de la lettre autographiée.

Bien mieux, le préfet de police ne donne aucun ordre au directeur général des postes ; il requiert seulement M. *Marseille, commissaire de police*, de saisir l'écrit.

M. Vandal, qui n'est pas apparemment un officier de police judiciaire, et qui n'avait pas même le droit de saisir personnellement l'écrit dans ses bureaux, à Paris, avait, toujours au point de vue du réquisitoire, pour unique mission de laisser opérer le commissaire de police, sauf à lui demander un récépissé des pièces saisies. (Instruction générale du 29 mars 1832, art. 29.)

Au lieu de rester dans le cercle de ses attributions, M. Vandal prescrit à ses 26,000 agents, qu'il transforme ainsi en autant d'officiers de police judiciaire, de reconnaître et retenir tous les exemplaires soit sous bandes, soit sous enveloppe close.

La démonstration de l'illégalité de la circulaire du 24 janvier est donc toute faite quand on a rapproché ce document du réquisitoire, dont le directeur général des Postes a non-seulement outrepassé les limites, mais complétement méconnu le caractère.

Aussi, M. Vandal ne dit-il pas un mot du réquisitoire du Préfet de police dans sa circulaire, où il déclare simplement agir en vertu d'un ordre dont il n'indique pas la source. En sorte que si le ministre d'État n'avait donné lecture au Corps législatif du réquisitoire de M. Piétri, on aurait été fondé à croire qu'il s'agissait bien d'une de ces saisies administratives dues à l'imagination fertile, mais peu juridique, de M. le duc de Persigny (circulaire du 13 mai 1861), et qui constituent la violation la plus flagrante des principes du droit commun et de la légalité en pareille matière.

Pour établir l'illégalité de la circulaire du 24 janvier, il n'est donc pas besoin d'examiner le mérite intrinsèque du réquisitoire, qui ne peut avoir de valeur légale s'il n'existe déjà une prévention.

En effet, d'après l'art. 529 de l'Instruction générale pour le service des postes, du 19 mars 1832, approuvée par le Ministre des finances, « les lettres *adressées à des individus en état de prévention ou d'accusation* peuvent être saisies par des agents de l'ordre judiciaire en vertu d'un réquisitoire du procureur du roi. » Mais « *le réquisitoire doit énoncer l'état de prévention ou d'accusation des destinataires.* »

Par conséquent, le devoir de M. Vandal, au point de vue même de l'instruction générale, était de se refuser, comme le fit un directeur des postes de Lille sous le gouvernement de Juillet, dans une circonstance analogue rappelée par M. Eugène Pelletan, à prêter les mains à une saisie ordonnée par un réquisitoire qui ne constatait pas l'état de prévention des destinataires.

Mais le principe de l'inviolabilité de lettres peut-il souffrir une seule exception ?

II. A propos des art. 87 et 88 du Code d'instruction criminelle, Me Albert Gigot, et avec lui la plupart des jurisconsultes, font une concession que nous ne saurions admettre.

C'est bien l'art. 529 d'une instruction émanée de la direction générale des postes qui seul a créé une exception au principe du secret des lettres, et non les art. 87 et 88 du Code de procédure criminelle. Que disent, en effet, ces articles ?

---

a lieu « *sans toucher à aucune des lois existantes, sans troubler aucune des attributions qu'elles ont déterminées.* » (*Gazette des Tribunaux* du 2 décembre 1859). D'ailleurs si ce décret, qui a trait seulement à la modification d'un service administratif, avait eu pour but d'étendre les limites territoriales des fonctions du préfet de police, *en tant qu'officier de police judiciaire*, M. Rouher n'aurait pas manqué d'en faire usage pour défendre la circulaire du 24 janvier.

D'après l'art. 87, « le juge d'instruction se transportera, s'il en est requis et pourra même se transporter d'office *dans le domicile du prévenu*, pour y faire la perquisition des papiers, effets et généralement de tous les objets qui seront jugés utiles à la manifestation de la vérité. »

On ne peut évidemment faire découler de cet article une exception à l'inviolabilité des correspondances privées confiées à la Poste.

Mais l'art. 88 confère au juge d'instruction le droit de « se transporter dans les autres lieux où il présumerait qu'*on aurait caché les objets* dont il est parlé dans l'article précédent. » Et l'on induit de là que le magistrat instructeur peut saisir les lettres dans les bureaux de poste. Il nous est impossible d'admettre une pareille induction. Le législateur a-t-il pu prévoir que les interprètes de son œuvre assimileraient les lettres remises à la poste aux OBJETS CACHÉS dans un lieu autre que le domicile du prévenu ?

Cette simple question nous paraît suffire pour faire repousser l'interprétation favorable à une exception qui aurait besoin d'être explicitement inscrite dans la loi, alors surtout qu'elle porterait sur le principe de l'inviolabilité du secret des lettres, formellement et absolument consacrée par l'arrêt du conseil du 18 août 1776, le décret du 10-14 août 1790, la loi des 26-29 août 1790, le décret des 10-20 juillet 1791 et l'art. 187 du Code pénal.

Notre interprétation est d'ailleurs conforme à celle de M. Mangin. Cet éminent criminaliste (1) remarque, en effet, que l'art. 187 du Code pénal a abrogé la disposition du § 3 de l'art. 638 du Code de brumaire an IV, qui réservait au gouvernement la faculté de surveiller les lettres venant des pays étrangers ou destinées à ces mêmes pays.

Le Code d'instruction criminelle ne contient, d'après M. Mangin, aucune dérogation au principe du secret des lettres. L'art. 88 autorise, il est vrai, la recherche et la saisie de papiers dans d'autres lieux que dans le domicile du prévenu ; mais les termes de cet article ne permettent pas de l'appliquer aux bureaux des postes. Sans doute un délit tout entier peut consister dans une simple lettre ; une lettre peut constituer le corps d'un délit, comme en matière de complot ou de menace par écrit ; mais « il ne résulte pas de là que l'on puisse saisir des lettres à la poste dans la prévision qu'on y trouvera un corps de délit ; la saisie ne peut avoir lieu dans les cas ci-dessus, comme dans tout autre, qu'après que les lettres, parvenues à leur destination, *se trouvent entre les mains de la personne à qui elles ont été adressées ou entre les mains d'un tiers.* »

Nous sommes, par conséquent, d'avis qu'au point de vue de la loi sainement interprétée, aucune exception ne peut être faite au principe du secret des lettres, sauvegarde de l'honneur des familles et des plus respectables intérêts.

PAUL GARIEL,
Avocat à la Cour de Grenoble.

---

(1) *De l'instruction écrite et du règlement de la compétence en matière criminelle.* (T. I, nᵒ 95, pages 161 et 162).

BARREAU DE LYON

Les soussignés, avocats à la cour impériale de Lyon, adhèrent à la consultation de Me Albert Gigot.

> Mes Caillau, bâtonnier de l'ordre. — E. Le Royer, membre du conseil. — Bacot, ancien bâtonnier. — Ph. Bricod, membre du conseil. — P. Brac de la Perrière, ancien bâtonnier de l'ordre. — J. Ferrouillat. — Lucien Brun, membre du conseil de l'ordre. — P. Sauzet (ancien président de la chambre des députés). — A. Joly. — Paul Sauzet fils. — A. Dubreuil. — Jules Dulac. — Jules Roche. — Em. Bernard. — Edouard de Villeneuve. — Léon Gros. — J. Paris. — V. Fochier. — A. de Villardière. — Gabriel Perrin. — G. d'Orgeval. — E. Millaud. — Lablatinière, membre du conseil de l'ordre. — A. Tilliet. — Henri de Bornes. — Marius Rasuin,

---

BARREAU DE METZ

Les soussignés, avocats à la Cour impériale de Metz,

Consultés par M. le directeur de la *Gazette de France* sur la légalité de la circulaire de M. le directeur général des postes, en date du 24 janvier 1867;

Vu la circulaire dont il s'agit ;

Vu le *Communiqué* adressé par l'administration à la *Gazette de France* à la suite de la publication de cette circulaire ;

Vu la consultation de Me Albert Gigot, avocat au Conseil d'Etat et à la Cour de cassation ;

Sont d'avis des résolutions suivantes :

Il convient de poser en fait et en droit les bases de la discussion.

En fait, quel que soit le sens que les receveurs des postes et le public aient pu attribuer à la circulaire quand elle était isolée, on ne peut aujourd'hui la séparer du commentaire ou de l'explication qui l'a suivie, c'est-à-dire du *Communiqué* adressé à la *Gazette de France*.

En droit, quelque graves que soient les objections qui ont été produites contre la doctrine de l'arrêt solennel de la Cour de cassation en date du 21 novembre 1853, il y a lieu de prendre, quant à présent, cette doctrine comme point de départ d'appréciations juridiques.

Or, en fait, la circulaire commentée, expliquée par le *Communiqué*, prescrit aux receveurs des postes d'opérer la saisie de toutes dépêches sous bande ou sous enveloppes closes qui, par des signes extérieurs leur paraîtraient contenir la lettre de Monsieur le comte de Chambord, et d'envoyer ces dépêches à Paris, où elles seraient ouvertes par l'autorité judiciaire.

En droit, l'arrêt de la Cour de cassation du 21 novembre 1853 ne reconnaît et ne pouvait reconnaître au préfet de police, à Paris, et aux préfets dans les départements, des pouvoirs plus étendus que ceux qui appartiennent aux juges d'instruction.

Or, quels sont les droits, les pouvoirs du juge d'instruction ?

Ils sont déterminés par les articles 87, 88, 89 et 90 du Code d'instruction criminelle, combinés avec les articles 35, 36, 37, 38 et 39 du même Code, auquel renvoie l'article 89 du même Code.

Aux termes de ces dispositions, le juge d'instruction, saisi par un réquisitoire du procureur impérial, a incontestablement le droit de se transporter dans un bureau de poste et d'y saisir les lettres qu'il jugerait pouvoir être utiles à la manifestation de la vérité. Il doit dresser procès-verbal de la saisie (art. 35 et 37) ; il doit clore et cacheter les papiers saisis (art. 38) ; et, comme le receveur des postes n'est qu'un dépositaire, le juge d'instruction doit, pour sa décharge, lui remettre un reçu des lettres saisies et le réquisitoire en vertu duquel la saisie a été opérée (art. 529 de l'Instruction générale pour le service des postes du 29 mars 1832, et article 529 bis inséré dans cette instruction, en conformité d'une circulaire ministérielle du 8 avril 1851). Quand la saisie doit avoir lieu hors de l'arrondissement du juge d'instruction, il délègue le juge d'instruction de l'arrondissement où se trouvent les papiers ou les effets dont il y a lieu de faire la perquisition. Le juge délégué doit remplir, lors de la perquisition et de la saisie, les formalités imposées au juge d'instruction primitivement saisi. (Art. 90 C. inst. cr.)

L'usage et la jurisprudence s'accordent pour donner au juge d'instruction le pouvoir de déléguer un officier de police judiciaire pour opérer la saisie dans l'arrondissement même où il exerce ses fonctions.

La circulaire de M. le directeur général des postes, commentée et discutée par le *Communiqué*, est contraire à ces règles incontestables et incontestées de notre droit criminel : (Voir le réquisitoire de M. le procureur général de Royer, qui a précédé l'arrêt solennel du 21 novembre 1853) : 1° en ce que les agents délégués pour opérer la saisie, c'est-à-dire les receveurs des postes, n'ont, à aucun degré, le caractère d'officiers de police judiciaires et ne pouvaient conséquemment recevoir de délégation valable ; 2° en ce que la saisie ordonnée se pratiquerait sans qu'il fût dressé procès-verbal et sans que les receveurs des postes reçussent, en échange de la lettre ou des lettres saisies, un récépissé de ces lettres et un réquisitoire ; 3° en ce que les pièces saisies ne seraient pas closes et cachetées.

Fait à Metz, le 22 février 1867.

> A. de Faultrier, bâtonnier ; — Dommanget, du conseil de l'ordre ; — Boulangé, du conseil de l'ordre ; — Cailly, du conseil de l'ordre ; — Collot, du conseil de l'ordre ; — Limbourg ; — Rémond.

BARREAU DE NANCY

Il suffit de lire le *Communiqué* adressé à la *Gazette de France*, pour être convaincu de l'illégalité de la mesure prescrite par la circulaire.

DOYEN,
Bâtonnier de l'ordre.

1° Le droit qu'ont les agents de la poste de vérifier les imprimés placés sous *bandes mobiles* ne s'étend pas aux imprimés que les expéditeurs ont placés sous *enveloppes closes et cachetées*, précisément pour en assurer le secret.

2° Le droit de saisir dans les bureaux de la poste une lettre cachetée n'appartient qu'aux officiers de police judiciaire, dans certains cas déterminés seulement et à chacun dans les limites de sa circonscription.

3° Il ne peut donc jamais donner lieu à une mesure générale, abandonnée dans l'exécution aux agents des postes.

4° Aucune autorité, pas plus l'autorité judiciaire que l'autorité administrative, ne peut autoriser ces agents à *rechercher*, soit par le *tact*, soit par le *regard*, si une enveloppe cachetée renferme un imprimé, un écrit simple ou autographié. Cette recherche est à elle seule une violation du dépôt nécessaire qui leur est confié. (1931, C. Nap.)

5° A plus forte raison, elle ne peut les autoriser à retenir, à détourner de sa destination et à livrer, même à leur supérieur hiérarchique, une lettre qui lui paraît suspecte.

Ce sont là des vérités morales et légales que les dissentiments politiques ne doivent pas empêcher de reconnaître et de proclamer.

VOLLAND,
Ancien bâtonnier.

Les soussignés, avocats du barreau de Nancy, déclarent adhérer à la consultation de M° Albert Gigot.

> La Flize, ancien bâtonnier, ancien représentant, membre du conseil de l'ordre. — Catabelle, ancien bâtonnier, membre du conseil de l'ordre. — Besval, membre du conseil de l'ordre. — Louis Mengin. — A. Depéronne. — E. Tisserand. — E. Larcher. — Edmond Berlet, docteur en droit. — Adrien Volland, docteur en droit. — R. Mamelet. — Gonzalve Regnault.

Il me semble évident que la saisie d'une lettre doit, pour être légale, se rattacher à une poursuite déterminée, être requise et ordonnée par qui de droit, au moyen d'un réquisitoire spécial et d'une ordonnance ; par conséquent, toute réquisition générale me semble directement contraire à la loi, surtout quand aucune poursuite criminelle n'est dirigée contre l'écrit qu'il s'agit de saisir.

Louis LALLEMENT.

BARREAU DE NIMES

Les soussignés avocats près la Cour impériale de Nîmes déclarent adhérer à la consultation de M° Albert Gigot, avocat au conseil d'Etat et à la Cour de cassation.

Le secret des lettres entre les mains de l'administration des postes et leur transport immédiat et direct à leur adresse est chose d'autant plus inviolable et sacrée que l'administration a un privilége et exerce un monopole : c'est, à proprement parler, un dépôt nécessaire. On comprend dès lors qu'il ne peut y être dérogé que pour des intérêts de première et absolue nécessité, et surtout en se conformant aux règles et aux formalités édictées par la loi. Les articles 87 et 88 du Code d'instruction criminelle formulent une exception de ce conseil et investissent les juges d'instruction du droit de saisir certaines lettres aux bureaux de poste dans certains cas et dans des formes rigoureusement déterminées. L'arrêt de 1853 de la Cour de cassation étend aux préfets, comme investis, en vertu de l'article 10 du même Code, des droits de police judiciaire, la même autorité sur les lettres et correspondances, mais sans les dispenser des mêmes règles et formalités protectrices. La circulaire de M. Vandal est tout à fait en dehors des prescriptions légales et de leur interprétation la plus large. Sans tenir compte des cas spéciaux, sans remplir aucune des formalités exigées, elle met à la disposition des agents subalternes de l'administration postale les correspondances les plus intimes, et souvent les plus urgentes, sinon quant à leur ouverture même par ces agents, si l'on veut s'en tenir aux explications les plus modérées, au moins quant au détournement momentané de leur destination.

La consultation de M⁰ Gigot met tous ces points parfaitement en relief et paraît tout à fait conforme aux véritables notions de la justice et de la loi.

Mes E. Bolze, bâtonnier. — Jules Redon, ancien bâtonnier. —
Laget, ancien bâtonnier. — Penchinat, ancien bâtonnier. —
A. Demians, ancien membre du conseil. — A. Valat, ancien
bâtonnier. — Ferd. Boyer, membre du conseil et secrétaire.
— C. Soulas Lariny. — L. de Leiris. — Alph. Béchard, ancien membre du conseil. — Bousquet. — Louis-Numa Baragnon. — J. Martin.

J'adhère sans réserve à la remarquable consultation de M⁰ Albert Gigot.

L'arrêt de la cour suprême du 27 novembre, qui a été invoqué, est contradictoire avec son arrêt du 23 juillet de la même année ; cet arrêt paraît être, d'ailleurs, une erreur juridique d'autant plus grave que la disposition de l'article 10 (Inst. crim.), sur laquelle il se fonde, est de celles qu'il faudrait restreindre, bien loin de les étendre, puisque nos criminalistes les plus autorisés reconnaissent que cette disposition légale, qui n'est plus de notre temps, *est née dans des circonstances qui l'expliquent sans la justifier, et que, fût-elle renfermée dans les limites les plus strictes, elle devrait disparaître de nos Codes* (1). Quant à l'erreur de doctrine, il suffirait, pour la démontrer, ce me semble, d'établir, d'une part, que le préfet ne peut, comme tout officier de police judiciaire dont il exerce les fonctions sans en avoir la qualité, agir qu'en cas de flagrant délit... et d'autre part, que la saisie d'une lettre à la poste avec toutes les formes que comportent les articles 35 et suivants du Code d'instruction criminelle, est essentiellement un acte d'instruction, non de police judiciaire, et, par suite, de la compétence exclusive du juge d'instruction ; je ne puis croire que la cour suprême persiste dans cette jurisprudence, et j'espère, avec tous ceux de nos confrères qui déjà ont exprimé le même espoir, qu'elle nous donnera un nouvel exemple de ces retours de jurisprudence qui l'honorent, et devant lesquels elle n'hésite jamais quand elle a reconnu son erreur. Pour cela faire, au surplus, elle n'a, dans la question qui nous occupe, qu'à s'inspirer de la pensée d'un de ses membres les plus éminents... « *Toute extension*

---

(1) Voir Faustin Hélie, *Inst. crim.*, t. IV, p. 186.

donnée au pouvoir du préfet, en ce qui touche ses attributions de police judiciaire, n'est qu'une déviation des principes essentiels de la justice (1).

Mais, du moins, si M. le préfet de police et l'Administration des postes ont cru devoir s'autoriser de l'arrêt de 1853, fallait-il ne pas en dépasser les termes, et ne pas couvrir, comme on l'a fait à la chambre (2) de l'autorité de la cour suprême, des pratiques administratives dont sa jurisprudence est le plus ferme désaveu.

J'adopte à cet égard, et sans réserve, les graves considérations développées dans la consultation de Mᵉ Gigot : il est difficile d'établir avec plus d'autorité que, non-seulement le préfet de police, et l'administration des postes avec lui, s'est mis au-dessus du juge d'instruction, à qui l'arrêt de 1853 l'avait assimilé, mais qu'il s'est placé au-dessus même de la loi, en s'attribuant une compétence territoriale qu'il n'avait pas, et en se dispensant des formes rigoureusement exigées par les articles 35 et suiv. Instr. crim. Le premier excès de pouvoir a été reconnu et condamné (3); il fallait aussi reconnaître et condamner le second plus dangereux, s'il se peut, que le premier, car la forme est la sauvegarde du droit, et lorsque l'administration, ne prenant pour règle que sa mobile volonté, et se dégageant des salutaires entraves dont la loi a voulu entourer l'action de la justice, se permet d'envahir ce domaine sacré, non-seulement la confusion et l'arbitraire se mettent à la place du droit, mais *il n'y a plus pour les citoyens ni garantie, ni sécurité, ni liberté* (4).

La consultation de Mᵉ Gigot ne s'explique pas sur une théorie qu'à coup sûr il ne pouvait prévoir, et qu'on n'a pas vu, sans étonnement, se produire et s'affirmer gravement à la tribune. Aux termes de cette théorie, nouvelle pour beaucoup, le grand principe du secret des lettres, écrit dans la conscience avant de l'être dans la loi qui en punit la violation de trois mois à cinq mois de prison... (art. 187 C. p.), ne devrait plus céder seulement, *et à titre d'exception étroitement déterminée, à l'action de la justice pour une affaire spéciale impliquant une prévention définie, un prévenu désigné*, et avec des formes rigoureusement prévues, mais aux termes de la circulaire du 20 mars 1854, qui est, nous a-t-on dit, *la règle et le code de l'administration des postes, les directeurs doivent retenir toute enveloppe ou lettre close qui leur paraîtra suspecte de renfermer un imprimé, le tout sans formalité et à l'aide de cette délicatesse de perception que donne au toucher l'habitude du maniement des lettres* (5); c'est-à-dire que le secret des lettres n'existe plus, car si la justice intervient plus tard pour faire l'ouverture, c'est le simple soupçon d'un employé qui provoque son action, et il n'est pas nécessaire que cet employé justifie des circonstances qui ont fait naître ce soupçon... « La délicatesse de perception suffit à l'explication de sa conduite. » — Est-ce du moins pour la recherche d'un crime qu'un pouvoir aussi exorbitant serait confié à l'administration des postes, et la faculté de recherche se bornerait-elle à ce cas spécial?... Non, cette faculté s'exercerait aussi pour la constatation d'une simple contravention, le défaut de timbre, ou un fait de distribution irrégulière, quelle que soit, d'ailleurs, l'innocuité de l'écrit distribué... Nous ne croirions pas, si nous ne l'avions lu, qu'une telle doctrine ait pu être soutenue, dans ce temps-ci, par un membre éminent de l'administration des postes, à la tribune du Corps législatif; on comprend que dans de telles circonstances et à l'une des séances qui ont suivi, un membre de la majorité ait cru devoir réclamer et dire que *le Moniteur avait exagéré l'approbation donnée par la Chambre au discours de M. le directeur des postes* (6). Cette satisfaction était bien due à la conscience publique.

---

(1) Voir Faustin Hélie, *Inst. crim.*, t. IV, p. 189.
(2) Voir le discours de M. Vandal, *Moniteur*, 23 février.
(3) Voir les discours de MM. Vandal et Roulier, 2 et 3.
(4) Voir les consultations de Mᵉ Gigot *in fine*. et Vivien, *Etudes administratives*.
(5) Discours de M. Vandal, 23 février.
(6) Voir le discours de M. Jérôme David. *Moniteur* du 27 février 1867.

Certes, il ne faut que jeter un coup d'œil sur les lois et règlements qui régissent la distribution des imprimés, soit dans la législation intermédiaire, soit plus près de nous, pour se convaincre que jamais le législateur n'a entendu conférer à l'administration des postes le droit de vérifier les enveloppes ou lettres closes : le soin minutieux avec lequel il a réglé la dimension des bandes qui ne doivent pas couvrir le tiers de l'imprimé, leur état de mobilité, qui permet de vérifier aisément l'objet qu'elles recouvrent, prouvent que dans sa pensée la vérification ne pouvait et ne devait atteindre que les imprimés sous bande, et non les imprimés sous enveloppes closes..... Mais, dit-on, c'est favoriser une contravention..... pas habituellement, sans doute, et dans de grandes proportions, car la distribution ainsi faite d'imprimés dans une proportion un peu étendue serait assez coûteuse... Mais quand cela serait, où puiserait-on le droit de les saisir ? Est-ce donc que si j'ai chez moi les *Propos de Labiénus*, le préfet de mon département, le procureur impérial de mon arrondissement, ou tout autre officier de police judiciaire croira pouvoir s'en emparer?... Je suis en contravention, et cependant j'affirme que nul n'y songera... Pourquoi cela?... C'est que je suis protégé par un principe supérieur : *la liberté du domicile*, et que violer ce principe dans de telles conditions, ce serait, pour éviter un moindre mal, commettre un mal plus grand.

Il n'y a rien d'absolu sous le soleil et pas de règle, si générale qu'elle soit, qui ne souffre d'exception; c'est ainsi que chaque jour, dans la pratique des affaires et le cercle du droit, nous voyons un principe important fléchir, malgré son importance, devant un principe supérieur... La société vit de ces combinaisons et de ces tempéraments, et l'œuvre de la loi et du magistrat après lui, c'est d'assurer toujours, dans les recherches laborieuses que ces combinaisons peuvent comporter, le triomphe du droit et le maintien de la justice. Or, le droit supérieur, c'est ici *la garde du secret*, dont la circulaire de 1854 impliquerait la violation. Qu'on laisse donc *les employés de la poste sucer* librement *le lait de la discrétion* dont on les abreuve chaque jour, nous a-t-on dit, et qu'on brise *ce code* prétendu, qui n'est plus de notre temps et dont le maintien serait, dans la pratique journalière, un démenti perpétuel donné à tous les principes dont s'inspire la conscience publique.

Nîmes, le 2 mars 1867.

A. DEMIANS,

Avocat, ancien magistrat, ancien représentant
du Gard à l'Assemblée constituante.

BARREAU DE PARIS.

Les soussignés, avocats à la Cour impériale, adhèrent sans réserves aux conclusions adoptées par Mᵉ Albert Gigot, dans sa consultation relative à la circulaire de M. le directeur général des postes.

E. Arago, membre du conseil de l'ordre.— Henri Didier, ancien représentant. — H. de Kermarec. — L. Béquet. — Baze, ancien représentant. — L. Michonis. — Odilon Barrot. — Henry Moreau. — André Rousselle. — A. Audoy. — L. Gambetta. — Arth. Hubbard. — L. de Barthélemy. — F. Duval. — Ernest Cartier. — A. Decrais. — J. Arbelet. — Lefèvre-Pontalis. — A. de Fallois.— L. Guerrier.— Delprat.— Mariage.— A. Dréo. — M. Sabatier. — J. Delasalle. — Lebrasseur. — G. Chaudey. — F. Beslay.— A. de la Garde. — Malapert.— F. Desportes.— De Bellomayre.—De La Boulie. — C. Floquet. — Jules Ferry. — Emile Jay. — Emile Le Noël. — Colfavru. — Louis de la Roque. — Duhamel. — Alph. Lecanu. — Ad. Breulier.— Campenon. — O. Muray. — Ed. Puthod. — P. Maritain.— Buffard.—L. Renault.—Maillard.—E. Mauchon.—Jules Dupuy.

La circulaire du 24 janvier 1867 a soulevé de toutes parts une émotion vive et profonde ; il semblait qu'un acte de cette nature dût être immédiatement suivi d'un désaveu formel, éclatant. Il n'en a rien été, et le *Communiqué*, qui a maintenu la prétention de l'administration supérieure, appelle l'énergique protestation de tous les hommes de droit et de liberté.

L'inviolabilité des correspondances est une véritable nécessité sociale : le service des postes est un grand service public qui accomplit, à titre d'intermédiaire et dans l'intérêt général, le transport des dépêches ; il ne comporte aucune intervention administrative. Il doit présenter tous les caractères de l'indépendance et de la neutralité la plus complète. Si l'organisation du service postal implique une centralisation nécessaire, il ne faut pas oublier que les agents des postes n'en sont pas moins les agents de tous, qu'ils n'ont qu'un devoir à remplir, celui d'assurer la circulation des dépêches, et qu'ils ne peuvent pas plus porter la main sur le dépôt confié à leur fidélité, qu'il ne serait permis de le faire au serviteur, au commissionnaire chargé directement et individuellement du même office.

Ici, comme partout, l'intérêt général le plus impérieux peut seul justifier une atteinte au principe. Le Code d'instruction criminelle a déterminé dans quelles conditions l'action de la justice pouvait atteindre, au passage, les lettres adressées à tout individu en état de prévention ou d'accusation ; la jurisprudence, en 1853, a étendu d'une manière regrettable, nous le croyons, la portée des articles 87 et 88 du Code d'instruction criminelle, et de la circulaire du 29 mars 1832 ; mais il s'agit aujourd'hui d'une extension nouvelle et la plus grave de toutes.

Avec la loi, c'est le juge seul qui peut porter atteinte au secret des lettres ; avec l'arrêt de 1853, les préfets sont associés au pouvoir du juge, mais ils doivent subir les mêmes règles que lui ; avec la circulaire du 24 janvier, l'administration s'affranchit de tout contrôle, de toutes formes légales ; elle délègue, sans garanties, à une multitude d'agents secondaires, le pouvoir le plus redoutable ; elle paralyse le transport régulier des dépêches ; elle inquiète tous les intérêts ; elle habitue ses agents eux-mêmes à des vérifications indiscrètes, à une sorte d'espionnage encouragé, qui est essentiellement contraire au caractère de leur mission.

Il est grand temps de rétablir les véritables principes ; c'est ce que fait la consultation qui précède, à laquelle adhère avec empressement l'ancien avocat soussigné.

Paris, 20 février 1867.

E. ALLOU,
Batonnier de l'ordre des avocats.

Le soussigné, ancien avocat, adhère entièrement à la consultation, délibérée par Me Gigot, avocat à la cour de cassation.

A ses yeux, la circulaire en date du 24 janvier 1867, émanée de M. le directeur général des postes, constitue une regrettable illégalité, un flagrant abus de pouvoir ; elle viole la loi et elle n'a pas même respecté les principes qu'a entendu poser l'arrêt rendu en 1853 par les chambres réunies de la cour de cassation.

Aux termes de cet arrêt, M. le préfet de police se trouve investi des pouvoirs, qu'antérieurement à cette nouvelle jurisprudence les jurisconsultes les plus autorisés croyaient n'être dévolus par la loi qu'au juge d'instruction.

Dans exercice de ces pouvoirs exorbitants du droit commun, M. le préfet pouvait, comme on affirme qu'il l'a fait, notifier à un fonctionnaire de l'ordre administratif, M. le directeur des postes, un réquisitoire, et prescrire la saisie dans les bureaux de la poste de tous les écrits ou lettres qu'il jugerait renfermer la preuve d'un crime ou d'un délit.

Qui devait opérer cette saisie? Qui devait, en suite de la saisie, recueillir, ouvrir, lire, examiner, apprécier les pièces saisies?

Evidemment les officiers de police judiciaire, compétents aux termes de la loi ! Eux seuls et non pas d'autres, à peine de violation formelle de l'article 187 du Code pénal et de forfaiture.

Or, que prescrit la circulaire aux agents des postes, qui ne sont pas, que nous sachions, des officiers de police judiciaire?

« Ils devront *surveiller avec le plus grand soin* toutes les correspondances... afin de *découvrir* les exemplaires de la lettre présumée délictueuse... qui pourraient *faire partie de la correspondance* et qui se trouveraient placés soit... *soit sous des enveloppes closes.*

De toutes les lettres que les agents auront été *à même de reconnaître et de retenir*, ils formeront un paquet, qui sera adressé au receveur principal des postes, à Paris, sous étiquette portant, indépendamment de l'adresse, les mots suivants : « *Lettre saisie en vertu de l'ordre de l'administration du 24 janvier 1867.* »

Ainsi, et malgré les assertions, les explications ou les démentis *communiqués* ultérieurement, il faut reconnaître :

1º Que, de sa pleine autorité, M. le directeur général des postes se transforme et transforme tous ses agents en officiers de police judiciaire, ce qui constitue une usurpation des fonctions que la loi n'accorde qu'aux magistrats de l'ordre judiciaire, et que l'arrêt de 1853 étend jusqu'aux préfets, mais jusqu'aux préfets seuls ;

2º Que les agents des postes, à qui la réquisition de M. le préfet de police, tendant à la saisie, ne pourrait donner qu'un rôle passif, lequel consiste à laisser saisir dans leurs bureaux, prennent tout à coup et par l'ordre de M. le directeur général, un rôle actif et deviennent des officiers d'instruction ; ils se saisissent, *sans qualité comme sans droit*, des pouvoirs que les juges d'instruction ou les préfets ne pourraient, à peine de la violation de la loi, déléguer qu'à des officiers de police judiciaire ;

3º Que, sur tous les points de la France et dans tous les bureaux de poste, des agents *sans droit et sans qualité* ont cru pouvoir *surveiller avec le plus grand soin des correspondances placées sous des enveloppes closes ;* qu'ils ont dû retenir les correspondances ; qu'ils les ont, momentanément au moins, détournées de leurs destinations, et qu'ils les ont expédiées à Paris, *comme saisies en vertu d'un simple ordre administratif.* Nous disons à dessein : comme saisies en vertu d'un simple ordre administratif ; car il est à remarquer que M. le directeur général des postes, pour édifier la conscience de ses agents et pour lever leurs scrupules, n'a même pas pris soin de leur dire qu'en leur intimant ces ordres exorbitants du droit commun, il agissait à raison d'un réquisitoire de M. le préfet de police prescrivant la saisie de correspondances présumées délictueuses.

Tous ces faits sont incontestables ! Toutes ces conséquences de la circulaire se sont nécessairement produites !

Grâce à M. le directeur général des postes, pendant un espace de temps plus ou moins long, l'article 187, qui assure le secret des lettres, a cessé d'exister et de protéger les intérêts privés les plus sacrés.

Nous ne voulons rien ajouter, et nous nous bornons à répéter qu'il y a dans ces actes une regrettable illégalité, un flagrant abus de pouvoir.

Fait et délibéré à Paris, ce 19 février 1867.

A. PLOCQUE,
ancien bâtonnier.

J'adhère avec empressement à la consultation de Mᵉ Albert Gigot ; j'y adhère d'autant plus fermement qu'elle repose sur des principes à la défense desquels j'ai déjà eu la bonne fortune de consacrer mes efforts, et que, dussent-ils subir momentanément les atteintes délétères de la politique, ces principes ne sont pas pour cela menacés de périr définitivement dans notre pays.

D'accord avec la section du conseil d'Etat qui a été appelé, en 1829, à trancher un conflit élevé entre le ministre des finances, vigilant gardien alors des légitimes intérêts du service des postes, et le ministre de la justice, je continue à penser que les magistrats eux-mêmes n'ont pas le droit de saisir à la poste des lettres adressées à des personnes qui ne sont point en état de prévention ou d'accusation. D'accord avec la doctrine, aussi morale que juridique, de l'arrêt rendu par la chambre criminelle de la cour de cassation, le 23 juillet 1853, je continue à penser qu'au juge d'instruction seul appartient le droit de saisir dans les bureaux de la poste les lettres qui sont de nature à être saisies, c'est-à-dire celles qui ont été criminellement soustraites dans ces bureaux, et celles qui sont adressées à des individus en état de prévention ou d'accusation.

Je n'ignore assurément pas qu'un arrêt contraire a été rendu, le 25 novembre 1853, par les chambres réunies de la même cour ; je n'ignore pas qu'elles ont reconnu aux préfets le droit de saisir et d'ouvrir, ou de faire saisir et ouvrir par un officier de police judiciaire les lettres confiées à la poste, quelles que soient ces lettres, et même avant toute prévention ou accusation, avant tout commencement d'information par la justice. Mais sans discuter ici un arrêt, sur la valeur duquel je me suis permis de m'expliquer ailleurs (en 1861), je me hâte de reconnaître que les magistrats qui l'ont rendu seraient parfaitement fondés à désavouer, si on voulait la leur imputer, la paternité des prétentions, bien plus énormes encore, qui sont consignées dans la circulaire du 24 janvier 1867, à laquelle M. le directeur des postes a eu le malheur d'apposer sa signature, et dans le *Communiqué* dont elle a été suivie. Ce *Communiqué*, du reste, en fait assez naïvement l'aveu : il eût été, dit-on, gênant ou inutile de se conformer strictement à la jurisprudence ; il a paru plus simple de ne pas s'y conformer.

Un mot maintenant sur le côté extralégal de la question. On a dit, on pourra répéter que les scrupules de légalité peuvent s'effacer devant les exigences de la politique ; on a ainsi paraphrasé ce mot tristement célèbre d'un ministre étranger : *la force prime le droit*. Pour moi, dans une carrière déjà bien éloignée de ses débuts, et dont une partie s'est écoulée dans les fonctions publiques, j'ai acquis cette double et de plus en plus profonde conviction : 1° Que les gouvernements s'honorent et se fortifient par le respect absolu du droit ; 2° que les prétextes politiques, sous lesquels s'abritent volontiers les pratiques contraires à ce respect, manquent le plus souvent de tout fondement, et que, dans tous les cas, les avantages douteux et contestés qu'ils semblent présenter n'en rachètent jamais les inconvénients et les dangers.

A mes yeux, l'emploi de pareils arguments à l'appui d'une illégalité a tout à la fois le tort de la constater et de l'aggraver ; il la constate en montrant que le droit fait défaut ; il l'aggrave, parce que l'ingérence de la politique dans le droit a précisément pour effet d'éveiller et de multiplier les tentations de passer par-dessus la légalité. La foi que j'exprime à cet égard est un des meilleurs enseignements et un des meilleurs souvenirs que j'aie emportés du Conseil d'Etat, et je la conserve malgré les échecs, heureusement très-rares, qu'elle y a quelquefois subis. On croira sans peine que les faits qui viennent de se produire, bien loin de l'ébranler, ne contribuent pas médiocrement à la consolider et à l'enraciner dans mon esprit ; on croira sans peine que je ne me demande pas plus dans cette circonstance que dans d'autres, si le droit a été violé au profit ou au détriment d'un ami ou d'un ennemi, mais simplement s'il a été violé ; et, s'il fallait surabondamment justifier cette appréciation par des autorités, il suffirait de rappeler les paroles suivantes d'un publiciste éminent :

« En France, où l'on se montre jaloux de tout ce qui touche à l'égalité et à l'honneur national, on ne s'attache pas religieusement à la liberté individuelle. Qu'on trouble la tranquillité des citoyens, qu'on viole leur domicile, qu'on leur fasse subir pendant des mois entiers un emprisonnement préventif, enfin qu'on méprise les garanties individuelles, quelques hommes généreux élèveront la voix ; mais l'opinion publique restera calme et impassible, tant que vous n'éveillerez pas une passion politique.

» Là gît la plus grande raison de la violence du pouvoir ; il peut être arbitraire, parce qu'il ne trouve pas de frein qui l'arrête. En Angleterre, au contraire, les passions politiques cessent devant une violation du droit commun. C'est que l'Angleterre est un pays légal, et que la France ne l'est pas encore devenue ; c'est que l'Angleterre est un pays fortement constitué, tandis que la France lutte tour à tour contre les révolutions et les contre-révolutions, *et que la religion des principes y est à créer.* » (*Œuvres de S. M. Napoléon III*, édition de 1854, tome Ier, p. 421.)

Paris, le 20 février 1867.

E. REVERCHON,
Avocat à la cour impériale de Paris, ancien avocat au Conseil d'Etat et à la Cour de cassation, ancien maître des requêtes au Conseil d'Etat.

J'adhère sans réserve à la remarquable consultation de Me Albert Gigot.

I. Le respect des correspondances est la loi la plus sacrée et la plus essentielle des sociétés ; essentielle à la sécurité des affaires aussi bien qu'aux épanchements de la famille et de l'amitié. La morale publique, avant le Code, a consacré l'inviolabilité du secret des lettres. *Quid est aliud*, disait Cicéron, *quid est aliud tollere è vità vitæ societatem quàm tollere amicorum colloquia absentium?* Denisart constate que sous l'ancienne législation cette inviolabilité était absolue, et le recueil des anciennes lois nous en fournit un exemple bon à rappeler. — Le 27 mars 1775, le conseil supérieur de Saint-Domingue saisit deux lettres suspectes et ordonne qu'elles seront déposées au greffe. L'affaire est portée au conseil du roi. On ne songe ni à justifier ni à atténuer l'acte d'administrateurs trop zélés ; mais le 18 août 1775 le roi, en son conseil, rend un arrêt où on lit ce qui suit :

«... Considérant... que tous les principes mettent la correspondance secrète des citoyens au nombre des choses sacrées dont les tribunaux comme les particuliers doivent détourner les regards;... que Sa Majesté a jugé nécessaire, pour le maintien de l'ordre public autant que pour la sûreté du commerce et des citoyens, d'ordonner que les auteurs et complices de l'interception seraient poursuivis et punis suivant la rigueur des ordonnances:... ordonne qu'il sera informé et procédé extraordinairement par devant les officiers du siége de l'amirauté contre les auteurs et complices de l'interception desdites lettres ;... ordonne, en outre, Sa Majesté que le présent arrêt sera imprimé au nombre de 100 exemplaires... » (*Recueil d'Isambert,* t. 23, p. 229).

On cite avec raison, comme un des plus grands abus qu'ait enregistrés l'histoire, cet édit de Louis XI qui n'autorisait le transport des lettres par les courriers royaux qu'autant qu'elles auraient été lues au préalable, et qu'elles ne porteraient rien qui fût contraire au gouvernement. Du moins, les citoyens étaient prévenus, et s'ils voulaient se soustraire à cette odieuse inquisition, ils pouvaient envoyer leurs lettres par une autre voie que celle des courriers royaux.

Le monopole dont l'administration des postes est investie, en la rendant la dépositaire nécessaire de toutes les correspondances, l'oblige plus étroitement à respecter le secret qui lui est forcément confié ; aussi l'article 187 du Code pénal édicte-t-il des peines sévères contre la suppression ou l'ouverture des lettres confiées à la poste.

Une seule exception est faite au principe par les articles 87 et 88 du Code d'instruction criminelle. Quand un crime ou un délit est l'objet d'une poursuite judiciaire, le juge d'instruction peut saisir à la poste les lettres « *utiles à la manifestation de la vérité.* »

Jusqu'en 1852, on n'a, sous aucun gouvernement, revendiqué pour aucun autre que le juge d'instruction l'exercice de ce droit. En 1852, le préfet de police a saisi à la poste trois lettres adressées de Bruxelles à trois personnes, et le 23 novembre 1853, la cour de cassation, rétractant une jurisprudence jusque-là constante, a rendu ce célèbre arrêt qui étend au préfet de police à Paris et aux préfets dans les départements les attributions dévolues au juge d'instruction par les articles 87 et 88 du Code d'instruction criminelle.

Tous les auteurs sans exception ont justement critiqué la doctrine de cette jurisprudence, qu'avec raison M⁰ Gigot refuse de croire définitive ; mais, du moins, l'arrêt de 1853, si excessif qu'il ait été jugé par les plus éminents jurisconsultes, limitait le droit du préfet au cas où il s'agissait de constater un crime ou un délit, objet d'une instruction régulière, et, dans ce cas même, il soumettait la saisie pratiquée par le préfet à toutes les formalités protectrices des saisies judiciaires, notamment à la rédaction d'un procès-verbal qui constatât les faits et permît ainsi de réclamer contre les abus.

L'Administration le comprit ainsi ; car, à la séance du 21 juin 1865, l'honorable M. Pelletan posait la question suivante : « *Dans le cas* ou, SANS COMMENCEMENT D'INSTRUCT.ON, *M. le préfet de police demanderait à M. le directeur général des postes de lui livrer des lettres, les lui livrerait-il ?* » Et M. le directeur général, commissaire du gouvernement, répondait : « NON. »

Si certains que soient ces principes, la circulaire du 24 janvier les a tellement méconnus qu'il ne pouvait plus paraître inutile de les rappeler.

II. A la lecture de cette circulaire, tout le monde avait compris qu'elle enjoignait aux agents des postes d'ouvrir les lettres soupçonnées de contenir l'écrit de M. le comte de Chambord ; ainsi interprétée, elle eût constitué la plus flagrante et la plus monstrueuse des illégalités ; ce qu'elle eût prescrit, en effet, aux agents des postes, c'eût été tout à la fois un délit et un parjure ; un délit, puisque l'article 187 du Code pénal punit de l'amende et de la prison *toute ouverture de lettres confiées à la poste ;* un parjure, puisqu'avant d'entrer en fonctions les agents de l'administration des postes prêtent devant le tribunal civil le serment solennel de respecter le secret des lettres.

Mais le sens apparent n'était pas le sens réel, et le *Communiqué* adressé le 9 février dernier à la *Gazette de France,* nous a appris que la circulaire ordonnait, non d'ouvrir, mais seulement de surveiller les lettres et de transmettre au bureau central celles que des signes extérieurs rendraient suspectes. Nous ne doutons pas de la sincérité du *Communiqué;* mais nous n'hésitons pas davantage à dire qu'à nos yeux ce document, loin d'atténuer la circulaire, l'aggrave ; car à un fait, qu'on pouvait croire isolé, il substitue une théorie.

Cette théorie, moins choquante en apparence, est juridiquement aussi fausse que celle répudiée par l'administration.

Les lettres qui sont, suivant l'expression de Mirabeau, « *les productions du cœur et le trésor de la confiance,* » doivent être protégées par une discrétion absolue et sincère; il n'est pas plus permis de les deviner que de les ouvrir. Scruter une lettre et pour ainsi dire la sonder, étudier l'écriture ou le cachet pour surprendre les rapports de l'auteur et du destinataire, même sans briser le cachet, c'est porter atteinte à l'inviolabilité de la correspondance. C'est ainsi que le comprenait M. Vivien, alors préfet de police, lorsqu'il reconnaissait que l'Administration n'avait pas même le droit de relever les timbres apposés sur les lettres pour se mettre sur la trace des relations du destinataire.

Au premier point de vue, nous regardons comme contraires à la loi et au serment professionnel des agents de la poste les investigations, même extérieures, prescrites par la circulaire du 24 janvier.

Mais la circulaire va plus loin : elle enjoint aux directeurs des 5,000 bureaux de poste d'arrêter et d'envoyer au bureau central de Paris les lettres qui leur paraîtront suspectes. Ici elle tombe sous l'application textuelle de l'article 187 du Code pénal, qui punit de l'emprisonnement et de l'amende « toute *suppression* » de lettres confiées à la poste. Intercepter une lettre, la détourner de sa destination pour la livrer aux investigations du bureau central de Paris, c'est la supprimer.

Vainement dira-t-on qu'après l'avoir ouverte, on la rendra, si elle ne renferme rien de délictueux. En fait, cette séquestration, même momentanée, aura souvent les mêmes effets et causera le même préjudice que la suppression définitive par le retard qu'elle apportera dans la transmission de nouvelles ou de papiers urgents. En droit, elle doit lui être assimilée ; c'est une suppression suivie de restitution ; or, la restitution n'efface pas le délit.

Que si l'on hésitait à voir dans ce fait le délit de suppression de lettre prévu par l'article 187, tout au moins faudrait-il y reconnaître un excès de pouvoir et un abus de dépôt bien caractérisés.

Le *Communiqué* invoque l'arrêt de 1853 ; mais, ainsi que nous l'avons déjà indiqué et que M. Gigot l'a si bien démontré, cet arrêt est absolument inapplicable, et si loin qu'il ait été, il est resté bien en arrière des théories de la Circulaire et du *Communiqué*. L'arrêt de 1853 a étendu au préfet de police les attributions dévolues au juge d'instruction par les art. 87 et 88 du Code d'instruction criminelle ; mais il n'a pas attribué au préfet des pouvoirs plus étendus que ceux des juges d'instruction, et ne les a pas dispensés des formalités judiciaires imposées à ceux-ci. Or, la circulaire du 24 janvier fait ce que n'a jamais tenté aucun juge d'instruction, et elle méconnaît toutes les formalités essentielles prescrites par la loi aux magistrats eux-mêmes.

En premier lieu, la condition essentielle pour que des lettres puissent être saisies à la poste *par qui que ce soit*, dans les termes des articles 87 et 88 du Code d'instruction criminelle, c'est qu'il y ait une instruction judiciaire. Où est l'instruction ? Quel est le prévenu ? Est-ce M. le comte de Chambord ? Le *Communiqué* parle bien d'un réquisitoire de M. le préfet de police ; mais sur quoi est fondé ce réquisitoire ? S'il n'y a pas d'instruction judiciaire, le réquisitoire est sans valeur ; M. le directeur général des postes l'a lui-même proclamé au Corps législatif, dans la séance du 21 juin 1865.

En second lieu, la jurisprudence permet au juge d'instruction de saisir les lettres adressées au prévenu ou écrites par lui ; mais elle ne permet pas d'arrêter provisoirement et de retenir plus ou moins longtemps toute lettre que son poids ou son origine rendront suspecte, au risque de porter dans les affaires de citoyens paisibles la plus grave perturbation et de jeter l'inquiétude dans les familles. Lorsqu'une saisie est régulièrement pratiquée, si une erreur est commise, la lettre ouverte par erreur est à la minute même rendue à sa destination : pendant les voyages que feront à travers la France, les lettres suspectes aux directeurs des 5,000 bureaux de poste, un négociant aura sa signature protestée faute de recevoir à temps les traites qui lui sont envoyées, un fils laissera mourir son père qui l'appelle près de lui. Si le droit que s'arroge M. le préfet de police lui est reconnu, le même droit appartiendra à tous les préfets et à tous les juges d'instruction ; condamnés à se servir de la poste, les citoyens ne pourront jamais être sûrs qu'une lettre confiée par eux à ce dépositaire infidèle arrivera régulièrement à sa destination.

En troisième lieu, le préfet de police n'a de juridiction qu'à Paris et dans son ressort : sur les départements, il n'a aucun pouvoir. L'Etat est-il en tel péril que M. le préfet de police et M. le directeur général des postes aient dû prendre d'urgence la dictature ? On ne le dit pas, on le nie même, et c'est sur le peu de gravité de l'incident qu'on s'appuie pour se justifier d'avoir méconnu toutes les règles et étendu à toute la France entière une autorité que la loi limite à la ville de Paris ! C'est véritablement à n'y pas croire, et l'illégalité, si étrangement excusée, est avouée dans des termes tels qu'il n'y a pas à discuter.

En quatrième lieu, toute saisie judiciaire doit être constatée par un procès-verbal régulier et ne peut être opérée que par un officier de police judiciaire. Cette double garantie est considérable, celle du procès-verbal surtout ; et c'est en en faisant ressortir l'importance que M. le procureur général de Royer repoussait, en 1853, la crainte qu'on manifestait de voir le préfet de police abuser du droit de saisir les lettres. — Or, cette saisie, qui ne peut être faite que par un officier de police judiciaire, la circulaire en charge des agents des postes, incompétents pour faire un procès-verbal ; aussi ne parle-t-elle pas de procès-verbaux. La conséquence, c'est qu'il n'y aura aucun moyen légal de constater l'usage et par conséquent l'abus que cinq mille directeurs de poste, livrés à toutes les passions et à tous les caprices de la nature humaine, auront fait des pouvoirs discrétionnaires qui leur sont si témérairement dévolus.

Si après avoir examiné les formes de la saisie prescrite par la circulaire du 24 janvier, nous en recherchons le but, l'illégalité devient encore plus flagrante. S'agit-il, comme le prétend le *Communiqué*, d'aider la justice dans la recherche d'un délit ? Aucunement. La circulaire elle-même le dit dans sa première phrase : « *L'administration a reçu l'ordre* D'EMPÊCHER, *pour ce qui la concerne, l'introduction en France et la distribution d'une lettre...* »

La justice réprime les délits, et dans la théorie de l'arrêt de 1853, sous certaines conditions, qui sont toutes méconnues par la circulaire, le préfet de police peut venir à son aide pour lui fournir des éléments de preuve. Mais la circulaire ne songe pas à rechercher des preuves ; ce qu'elle veut, c'est EMPÊCHER la circulation d'un écrit. Or la justice, dont M. le préfet de police et M. le directeur général des postes seraient les auxiliaires, suivant le *Communiqué*, ni aucun pouvoir en France n'ont le droit d'EMPÊCHER la circulation d'un écrit qui n'est ni condamné ni même poursuivi.

C'est ainsi que l'illégalité et l'abus s'accumulent à chaque ligne de la circulaire du 24 janvier. Vainement le *Communiqué* s'efforce de donner un caractère judiciaire à un acte d'arbitraire pur. Quand une trop célèbre circulaire a tenté, en 1862, d'instituer la saisie administrative, la conscience publique n'a pas moins énergiquement protesté que les jurisconsultes contre cette innovation contraire à toutes les lois ; aussi comprend-on qu'on s'efforce de nier que la saisie ordonnée par la circulaire du 24 janvier soit une *saisie administrative ;* mais quoi qu'on fasse, on ne lui retirera pas ce caractère, qui suffit à la condamner. Etrangère à l'œuvre de justice par le but qu'elle s'attribue elle-même, aussi bien que par les formes dont elle est entourée ou plutôt dépourvue, elle est purement administrative, c'est-à-dire illégale et arbitraire.

III. Nous nous sommes occupés jusqu'ici des droits des tiers, dont les lettres auraient été soit ouvertes, soit tout au moins retardées, sous prétexte de rechercher l'écrit de M. le comte de Chambord.

Nous devons aller plus loin, et nous n'hésitons pas à déclarer qu'au regard même de cet écrit, la saisie prescrite par la circulaire et hautement avouée par le *Communiqué*, est illégale.

Nous n'avons ni le droit, ni la volonté, ni le moyen de discuter la lettre qui a si profondément ému l'administration ; mais tant qu'elle n'est pas condamnée ou saisie en vertu d'un mandat régulièrement délivré par un juge d'instruction, nul n'a le droit d'en arrêter la circulation. Il n'appartient ni au préfet de police ni aux *Communiqués* administratifs de déclarer un écrit délictueux ; si l'Administration veut saisir la lettre de M. le comte de Chambord, il faut qu'elle obtienne du parquet qu'il poursuive, et des tribunaux qu'ils condamnent.

En l'état, l'administration détient illégalement les exemplaires qu'elle a pu saisir. Si, sans que des poursuites et une condamnation interviennent, elle conserve ces exemplaires, elle commettra plus qu'une saisie illégale, elle commettra une confiscation. Or une confiscation, même judiciaire, effacée des Codes du premier Empire par la main bienfaisante de la Restauration, ne peut être rétablie par une circulaire et prononcée par M. le préfet de police.

M. Janicot a fait acte de bon citoyen en dénonçant la circulaire illégale du 24 janvier. Il n'a point qualité pour en poursuivre judiciairement la répression. Seuls l'auteur ou le destinataire d'une lettre, soit ouverte, soit simplement retardée, en exécution de la circulaire de M. le directeur général des postes, seraient fondés à actionner tout à la fois devant les tribunaux soit M. le directeur général qui a prescrit la mesure, soit l'agent qui l'a exécuté, soit l'un et l'autre.

PAUL ANDRAL,
Avocat à la Cour impériale de Paris.

Paris, le 19 février 1867.

L'avocat soussigné donne son adhésion la plus entière à la consultation qui précède.

Le premier et le plus inviolable des devoirs imposés aux agents de l'administration des postes, aux plus élevés comme aux plus humbles, consiste « à garder et à observer fidèlement la foi due au secret des lettres (1). » Ce devoir, les uns et les autres, avant d'entrer en fonctions, s'engagent par un serment solennel à le remplir, et ceux qui seraient tentés d'y manquer s'exposeraient au déshonneur d'abord, mais en outre à des peines sévères édictées par l'art. 187 du Code pénal. Telle est la loi qui, en nous forçant de confier à l'Etat nos correspondances à transporter et à distribuer, nous offre en compensation toutes les sécurités que comportent et que réclament les intérêts d'affaires d'argent, ou simplement d'affection et de cœur dont ces correspondances peuvent confidemment traiter. Et, de même que le dernier des agents des postes ne pourrait, sans commettre un délit punissable, détourner, supprimer ou ouvrir une lettre ainsi confiée à la foi de son serment, de même le premier d'entre eux ne saurait, sans se constituer en faute, donner l'ordre à aucun de ses subordonnés de se rendre coupable d'un fait pareil.

Si donc la circulaire du 24 janvier prescrit aux directeurs de divers bureaux *de rechercher et de retenir certaines correspondances placées soit sous bandes, soit sous enveloppes closes, et de les adresser à un employé principal à Paris*, est-ce qu'il se pourrait qu'il n'y eût pas là une infraction à cette règle générale et absolue, que personne ne conteste et ne voudrait contester ?

Il est vrai que M. le directeur général des postes, de qui elle est signée, ne paraît point

---

(1) Art. 2 de la loi du 28-29 août 1790.

agir de son propre mouvement, car elle commence par ces mots : « *L'administration a reçu l'ordre...* ; il est vrai encore que, dans le *Communiqué* adressé, quelques jours après, à la *Gazette de France*, il est dit que cet ordre a été notifié à l'administration des postes par M. le préfet de police avec un réquisitoire à fin de saisie. Mais pourquoi la circulaire ne l'a-t-elle pas dit tout de suite clairement et nettement ?

« *L'administration a reçu l'ordre. ..!* » — Cela ne suffisait pas évidemment pour légaliser cet acte si extraordinaire de *surveiller toutes les correspondances, afin de découvrir*, même *sous des enveloppes closes.....* (au risque de quelles méprises et de quels dommages possibles !) *des exemplaires de la lettre de M. le comte de Chambord;* et pourtant cela n'était que trop fait, venant de si haut, pour y entraîner des inférieurs habitués à obéir.

Du reste, quand l'explication du *Communiqué* se serait rencontrée dans la circulaire, est-ce que M. le directeur général des postes en eût été plus fondé à exiger du directeur particulier de Marseille ou de Strasbourg qu'ils détournassent des correspondances de leur destination ?

Qui oserait soutenir une telle énormité ?

Aussi bien, après cette explication comme avant, la mesure commandée n'en reste pas moins irrégulière et violente, et elle n'en a pas moins semblé illégalement et très-mal à propos menaçante pour les intérêts de toutes sortes dont, bon gré mal gré, il nous faut confier le dépôt à la poste. En effet, les employés des postes ne sont pas des officiers de police judiciaire; et eussent-ils été officiellement et explicitement informés qu'il existait aux mains de leur chef un réquisitoire de M. le préfet de police, prescrivant la saisie de lettres quelconques, qu'ils étaient sans qualité pour en réaliser par eux-mêmes l'exécution.

C'était là, avant tout, une question de conscience sur laquelle l'opinion publique n'a eu et ne pouvait avoir aucune hésitation ; et si c'est encore une question de droit, c'est que, — certaines erreurs ayant pour elles la raison du plus fort, raison « toujours la meilleure », comme on sait, — après les avoir combattues et vaincues, il faut encore et toujours les combattre et les vaincre.

Il n'est donc ni inopportun ni inutile d'insister sur ce qu'il y a d'exorbitant et de contraire à la loi dans la prétention de la circulaire de M. le directeur général des postes, dût-on ne faire que répéter ce qui déjà aurait été dit et péremptoirement dit.

En admettant comme définitive la jurisprudence résultant de l'arrêt du 21 novembre 1853, encore qu'il soit à propos de faire observer que les faits sur lesquels cet arrêt a statué remontaient au mois de décembre 1852, par conséquent à une époque où le calme était loin encore de s'être fait dans les esprits et dans les choses, et en supposant, ce qui a été et est toujours contredit par bon nombre de jurisconsultes accrédités, que tout ce que peuvent les juges d'instruction pour la recherche et la constatation des crimes et des délits, le préfet de police à Paris et les préfets dans les départements le puissent aussi, à coup sûr on ne saurait prétendre que ce pouvoir tout exceptionnel, reconnu à des fonctionnaires administratifs, en dehors de leurs attributions normales, puisse être autre et plus étendu que celui des magistrats judiciaires spécialement et exclusivement créés pour instruire les procès criminels et correctionnels.

Eh bien ! que peut le juge d'instruction ? Averti qu'un crime ou un délit a été commis, il a le droit (article 87 du Code d'instruction criminelle) de se transporter au domicile de l'inculpé pour y faire la perquisition et y opérer la saisie des papiers et effets qu'il jugera utiles à la manifestation de la vérité ; — il a le droit (article 88) de se transporter dans les autres lieux où il présumerait que pourraient être cachés ces papiers et effets; — mais s'ils sont hors de l'arrondissement, il est alors sans pouvoir direct et personnel, et il est tenu (article 90) de requérir le juge d'instruction du lieu où l'on peut les trouver de procéder à ces opérations; — enfin, de même que le procureur impérial agissant en cas de flagrant délit, il est admissible, par voie d'induction, qu'il ait le droit (article 52) de charger *un officier de police auxiliaire* de partie des actes de sa compétence.

Mais voilà tout ! Et ce pouvoir est peut-être excessif ; il est, dans tous les cas, légalement réglé et il a des limites précises qu'il n'est licite à personne d'outrepasser et au delà desquelles la sécurité des citoyens est entière et absolument à l'abri de toute recherche et de toute espèce de trouble.

D'où cette conséquence, que le préfet de police, à Paris, et les préfets dans les départements, forts de l'arrêt du 21 novembre 1853, ont à leur tour le droit, dans le cercle où s'exerce leur action, de se transporter de leurs personnes dans tous les lieux où ils supposent qne peuvent être cachés des papiers ou des effets de nature à constater un crime ou un délit, notamment dans les bureaux de poste, et d'y saisir ces papiers et ces effets ; — qu'en dehors du cercle de leur action, ils ont le droit de requérir leurs collègues d'accomplir ces mêmes actes ; — et qu'enfin ils ont le droit de déléguer partie des actes de leur compétence ainsi déterminée, mais *à des officiers de police auxiliaire*, et non à d'autres agents ou fonctionnaires, quels qu'ils puissent être.

Et d'où cette autre conséquence toute spéciale, que le préfet de police personnellement, ou, pour lui, *un officier de police auxiliaire*, muni d'une délégation expresse, aurait pu se transporter dans un des bureaux de poste du département de la Seine ou successivement dans tous ces bureaux pour y rechercher et y saisir les exemplaires de la lettre par lui supposée criminelle de Monsieur le comte de Chambord, et que, dans les autres départements, les préfets auraient pu, de leur côté, chacun dans sa circonscription, agir de même ; mais que, dans aucun cas et sous aucun prétexte, le directeur général des postes, à qui n'est attribué d'autre mission que celle d'assurer, sous la garantie de son serment, la libre circulation et l'exacte distribution des lettres, ne pouvait, même avec un réquisitoire du préfet de police, lui qui n'est pas *un officier de police judiciaire*, opérer personnellement et de ses mains la saisie d'aucune de ces lettres confiées à sa foi, et que, par majorité de raison, lorsque par une simple circulaire il a enjoint à ses subordonnés d'un bout à l'autre de la France de rechercher, de saisir et d'expédier à Paris des correspondances, quelles qu'elles soient, déposées sous bandes ou sous enveloppes dans leurs bureaux, il a dépassé son droit et commis la plus flagrante et la plus certaine des illégalités.

H. DIDIER,
Avocat à la Cour impériale.

L'avocat soussigné adhère sans réserve à la consultation de Me Albert Gigot.

Le *Communiqué* soumis à son examen reconnaît expressément que la loi a été violée.

« L'autorité judiciaire, dit ce document officiel, aurait dû faire des réquisitions dans tous les bureaux de poste de France. »

L'autorité judiciaire n'a pas fait ces réquisitions, l'administration a jugé à propos de s'en passer. La loi a donc été violée.

Comme le dit encore le *Communiqué* : « Le droit n'est pas controversable. »

Mais, ajoute le *Communiqué*, des réquisitions faites par l'autorité judiciaire dans tous les bureaux de poste de France eussent été une mesure extrême que l'importance de l'incident ne comportait pas.

Si l'incident n'avait pas une importance assez grande pour motiver l'application des moyens légaux, il motivait encore moins la violation de la loi, qui de toutes les mesures est assurément la plus extrême.

Lorsque dans un pays l'administration considère l'application ou la violation de la loi comme une simple question de convenance, ce pays n'a plus de lois; il est sous le régime pur et simple de l'arbitraire.

Dans le cas particulier qui nous occupe, ce mépris de la loi emprunte une gravité particulière à la nature toute spéciale du service des postes. La fortune et l'honneur des citoyens sont attachés à la transmission discrète et ponctuelle des correspondances. Or, la circulaire de M. le directeur des postes, entendue dans son sens le plus naturel, autorisait la violation du secret des lettres, et le *Communiqué*, en contestant ce point, prend soin d'établir que les agents des postes avaient pour mission d'arrêter la distribution de toutes les lettres qui leur paraîtraient suspectes.

En présence de pareils ordres suivis de pareilles explications, on ne peut s'empêcher d'admirer l'enchaînement étroit qui existe entre toutes les libertés, et de reconnaître combien est frivole la distinction faite par certains publicistes entre les libertés politiques et les libertés civiles. L'autorité sans contre-poids amène inévitablement des pratiques administratives fatales aux intérêts privés comme à l'intérêt public.

EMILE DURIER,
Avocat à la Cour de Paris.

J'adhère, sans aucune hésitation, à l'excellente consultation de Me Albert Gigot.

Pour se prononcer sur la question, la conscience publique, on peut le dire, n'a pas attendu l'avis des jurisconsultes. Elle a senti, sans démonstration, que la circulaire de M. le directeur général des postes blessait les premières notions en cette matière, en même temps qu'elle atteignait dans sa base l'administration qu'elle entend régir. Que fait donc l'administration des postes ? Elle se charge, moyennant salaire, de transmettre, sous la forme matérielle d'une lettre, la pensée intime que chacun est libre de garder ou de confier à qui bon lui semble. Aussi le respect du secret n'est-il point ici une nécessité seulement, c'est le devoir rigoureux de l'administration des postes, c'est sa seule raison d'être. Est-il permis à cette administration d'y manquer ? Jamais, et la règle s'impose au premier comme au dernier des agents attachés à ce service.

Ce qui est défendu à cette administration, est-il permis à une autorité, à un fonctionnaire quelconque ? Non ; tant qu'un citoyen n'est point décrété d'accusation et soumis aux lois spéciales de l'instruction criminelle, nul ne peut s'emparer de sa correspondance et la détourner un seul instant de sa destination. Même dans ce cas d'exception, commandé par la sécurité publique, il ne peut être procédé que par les fonctionnaires ayant reçu mission formelle de la loi, c'est-à-dire par le juge d'instruction ou les officiers de police judiciaire. En dehors de ce cas, toute irrégularité volontaire dans la transmission des lettres constitue en quelque sorte une trahison. Voilà pourquoi, en entendant dire qu'il suffisait d'une circulaire émanée du bureau central pour arrêter la correspondance dans tous les bureaux du pays, chacun s'est senti menacé et comme poursuivi jusque dans le refuge de sa conscience.

On conçoit l'indignation qui arrachait à l'un de nos anciens ces éloquentes paroles : « Une lettre est sous la protection de la société entière. Où fuir, où chercher un asile, si l'on ne peut plus confier ses intérêts, ses pensées, ses chagrins, ses douleurs dans des lettres, sans craindre de fournir des titres à l'adversaire, des preuves à l'accusateur, des armes à l'ennemi qui pourra s'en emparer ? »

Ainsi parlait Delamalle à l'une des dernières audiences du parlement de Paris, et bientôt dans son décret du 10 août 1790, l'Assemblée constituante déclarait « inviolable le secret des lettres. » Par un nouveau décret du 26 août, elle défendait « aux assemblées et directoires de département et de district (remplacés par le préfet et les sous-préfets), aux municipalités et aux tribunaux, d'ordonner *aucun changement dans le travail, la marche et l'organisation du service des postes aux lettres.* » Et comme, en certains endroits, on s'était écarté de ces règles, lors de la fuite du roi, elle les avait immédiatement rappelées par un autre décret du 10 juillet 1791 : « Considérant, disait-elle, que, par l'effet d'un zèle inconsidéré, des corps administratifs ont cru pouvoir soumettre à leur surveillance et à leur recherche la correspondance des particuliers ; que l'arrestation qui a été faite en plusieurs villes des courriers des malles, *les dépôts forcés de leurs paquets en autres lieux qu'aux bureaux auxquels ils étaient destinés*, les perquisitions faites chez les directeurs des postes, *la vérification des lettres, les sursis ordonnés à leur distribution*, ne peuvent qu'interrompre les relations commerciales et sont *autant d'abus* qu'il est indispensable d'arrêter ; que ces *moyens illégaux...* »

C'est ainsi que l'Assemblée constituante entendait cette matière.

Telle est la charte de la poste aux lettres.

En ce qui concerne le préfet de police, sous l'égide duquel s'est placé M. le directeur général, ses pouvoirs, comme officier de police judiciaire, sont définis d'une manière précise par le Code d'instruction criminelle : « Les préfets des départements, et le préfet de police *à Paris*, pourront faire personnellement ou requérir les officiers de police judiciaire de faire tous actes nécessaires à l'effet de constater les crimes, délits et contraventions, et d'en livrer les auteurs aux tribunaux. » Ainsi, le préfet de police peut requérir, *à Paris*, un *officier de police judiciaire* de constater un fait délictueux ; mais peut-il requérir le directeur général des postes ou un agent quelconque de cette Administration de faire une telle constatation ? Non. Peut-il même requérir à cet effet un officier de police judiciaire *en dehors de Paris* ? Non. Ses pouvoirs, en pareils cas, sont limités à Paris Si, par un décret du 30 novembre 1859, le préfet de police a été chargé, sous l'autorité du ministre de l'intérieur, de la direction de la sûreté publique, cela n'a point étendu les attributions qu'il tient du Code d'instruction criminelle, d'une part, parce qu'un décret ne saurait modifier nos codes ; d'autre part, parce que ce décret, ainsi que l'a expliqué le ministre de l'intérieur lui-même, n'a eu en vue « de toucher à aucune des lois existantes, ni de troubler aucune des attributions qu'elles ont déterminées. » Dès lors, les réquisitions du préfet de police ne pouvant être adressées qu'à des officiers de police judiciaire, et à Paris, le *Communiqué* s'est chargé de démontrer quelle est l'étrange erreur de l'Administration des Postes quand elle se croit personnellement autorisée à agir, en vertu des ordres du préfet de police, sur tous les points de la France.

Paris, le 20 février 1867.

JULES LE BERQUIER,
Avocat à la Cour impériale.

L'avocat soussigné donne une entière adhésion aux résolutions adoptées dans la consultation qui précède et aux motifs sur lesquels elles reposent.

La circulaire du directeur des postes et le *Communiqué* qui l'a suivie et approuvée, sont en opposition manifeste avec les principes les plus certains de notre droit français.

L'inviolabilité du secret des lettres n'est pas seulement l'expression d'un devoir de morale et d'honnêteté publique : elle est la condition de l'existence du monopole ; elle est la garantie nécessaire du dépôt que tous les citoyens sont forcés de confier à une administration investie du droit exclusif de transporter les dépêches.

On veut bien le reconnaître ; mais on prétend défendre les prescriptions de la circulaire par une distinction entre l'*imprimé* et la *lettre missive*.

On soutient que l'inviolabilité ne couvre pas l'imprimé, et que l'administration a le droit de le rechercher ou de le découvrir par tous les moyens possibles, pour s'assurer si les formalités légales auxquelles il est assujetti ont été remplies.

Il y a là une confusion intolérable dans les choses et dans les mots.

Qu'est-ce que *les formalités* dont on parle, et à quelles investigations peuvent-elles donner lieu ?

L'Administration des Postes a très-certainement un droit de contrôle spécial sur les imprimés qu'elle transporte. Car il y a, pour les imprimés, un tarif à prix réduits, et il faut bien qu'on puisse reconnaître si et comment ces dispositions exceptionnelles peuvent leur profiter.

C'est par ce motif que les règlements de la poste exigent que les imprimés soient apportés dans un état extérieur qui laisse toujours possibles les vérifications de l'administration.

Mais si l'expéditeur a volontairement renoncé à la faveur spéciale du tarif, s'il lui a convenu de traiter l'imprimé comme une lettre ordinaire, de l'enfermer dans une enveloppe soumise à la taxe commune, quelle vérification l'administration pourrait-elle avoir à faire, et que peut-il rester de la distinction tentée entre les imprimés et les lettres missives ?

N'est-il pas évident que, par cela seul qu'on ne réclame pas, pour l'imprimé, le bénéfice du tarif exceptionnel, le contrôle et les vérifications que cette réclamation pouvait appeler n'ont plus de raison d'être ! Et n'est-il pas évident, par cela même, que l'administration ne peut pas plus rompre l'enveloppe qui couvre un imprimé, que celle qui protége les autres dépêches qu'elle est chargée de transporter ?

Qu'irait-elle y chercher, en effet ? Des contraventions aux lois sur le dépôt ou sur le timbre, des éléments de délits ou de crimes ! Mais des investigations de cette nature constitueraient de sa part une flagrante usurpation de pouvoirs.

C'est à l'autorité judiciaire seule, à ses auxiliaires légaux, qu'il appartient de rechercher et de poursuivre toutes ces infractions ; et une administration qui n'est chargée que du transport des dépêches et des perceptions fiscales qu'il entraîne, n'a pas pu prescrire les recherches indiquées dans la circulaire, sans sortir du cercle où l'enferme la loi même de son institution.

Paris, 25 février 1867.

SENARD.

L'avocat soussigné déclare adhérer complétement aux solutions contenues dans la consultation de Mᵉ Albert Gigot.

La circulaire du directeur des postes est la violation des lois et des principes contenus dans nos codes, et qui forment les bases de toute société bien constituée.

En tête de ces principes est inscrite l'inviolabilité du secret des lettres. Une administration qui exerce un monopole et qui ne peut se faire accepter du public qu'en inspirant une confiance absolue, doit plus que tous autres respecter cette inviolabilité.

Aussi, et en même temps pour effacer jusqu'au souvenir du *cabinet noir* de l'ancien régime, les lois qui ont régi depuis la révolution le transport des dépêches privées par l'État, ont-elles imposé aux employés des postes, à l'entrée de leur carrière, l'obligation de prêter le serment « de garder et observer fidèlement la foi due au secret des lettres. » C'est sans doute ce qui a fait dire au directeur de cette administration que ses employés « avaient *sucé le lait de la discrétion* en venant au monde. »

La violation du secret des lettres n'est donc pas seulement « un attentat contre la pudeur de l'âme humaine, » c'est encore, lorsqu'elle émane de l'administration, un outrage aux principes de son institution.

Il n'est pas douteux pour nous que la circulaire du 24 janvier a méconnu ce que ces principes ont de tutélaire et de rassurant pour les citoyens.

Elle ne peut se retrancher derrière les exceptions introduites par le Code pénal dans un intérêt général, parce que les formes et les garanties dont le législateur a entouré ces rares exceptions n'ont pas été observées dans l'espèce qui nous est soumise.

En ce qui touche les départements, où s'est exécutée la circulaire Vandal et où le réquisitoire du préfet de police cesse d'être applicable, l'écrit en question, recherché dans la correspondance privée, n'était l'objet ni d'une poursuite régulière, ni d'un commencement d'instruction. La justice, sous aucune forme, n'avait pas été appelée à caractériser, au point de vue pénal, les attaques que le gouvernement prétend y voir.

En ce qui touche le ressort de la préfecture de police, la circulaire n'a pas plus de valeur, car si le réquisitoire existe, les formes exigées par la loi, dont la nécessité même est reconnue par l'arrêt de cassation, ont été complétement méconnues. Ce n'est ni le préfet, ni ses agents les commissaires aux délégations qui ont procédé aux saisies commandées par la circulaire, mais bien les employés des postes eux-mêmes. De ces actes arbitraires, aucun procès-verbal n'a été dressé conformément à la loi, à moins qu'on ne veuille donner ce nom à cette suscription que la circulaire recommande d'apposer sur les paquets d'exemplaires adressés à Paris ! « *Lettre saisie en vertu de l'ordre de l'administration du 24 janvier* 1867. »

Qu'est-ce qu'un pareil acte, sinon une véritable *saisie administrative*, dépouillée de tous les caractères, de toutes les garanties que doivent présenter les actes judiciaires ?

En présence de cet oubli complet des formes protectrices, on comprend l'émotion qui a dû agiter les esprits les plus calmes et les protestations qui s'élèvent de toutes parts au nom du droit violé et des principes méconnus.

Délibéré à Paris, le 23 février 1867.

ALBERT LIOUVILLE,
Avocat, docteur en droit.

L'avocat soussigné ne peut qu'adhérer aux solutions adoptées par son confrère, Me Gigot.

Il ne peut oublier que le transport des lettres et dépêches, contrat de commission, n'est aux mains de l'Etat qu'en vertu d'un monopole et dans un intérêt purement fiscal ; il en résulte pour ses agents une obligation d'autant plus stricte d'observer le respect que comporte ce mandat d'un ordre sérieux et grave.

Un commerçant ordinaire y serait tenu de par le contrat intervenu entre lui et l'écrivain ou le correspondant qui lui confierait son œuvre ou sa lettre.

L'Etat, commerçant transporteur, y est obligé à un plus haut titre, parce qu'en lui doivent se résumer tous les droits, toutes les obligations, tous les respects.

Un commerçant ordinaire ne saurait être l'auxiliaire de M. le préfet de police agissant dans la sphère de sa compétence, c'est-à-dire dans le département de la Seine, si ce n'est dans les cas spécialement prévus par la loi, et, si on le veut même, dans les termes de l'arrêt de 1853.

Le directeur des postes, transporteur, doit mieux encore savoir se défendre des envahissements administratifs ou des instruments quels qu'ils soient.

A plus forte raison, ne peut-il légalement se prêter à ses exigences illégales en violant ou faisant violer, à Paris et ailleurs, sous une forme quelconque ou dans une mesure telle quelle le secret des lettres.

L'aveugle lit avec ses mains ; celui qui ne l'est pas peut lire avec les mains comme avec les yeux : il n'y a pas à distinguer entre *lire* et *toucher*.

Du moment qu'il y a pénétration de ce que couvre l'enveloppe, il y a violation du secret des lettres, partant infraction à la loi des transports et aux dispositions pénales. Il faut le dire et le proclamer bien haut. N'est-il pas à propos d'ajouter que l'Etat lui-même a tout avantage et tout intérêt à trancher ces questions contre lui dans les cas où il peut y avoir du doute ; et que, s'il y perd en découvertes difficilement avouables, par la pratique des procédés loyaux et délicats, il obtient ce qui grandit et affermit tous les gouvernements, la considération, la confiance sympathique et l'estime de ceux qu'il relève.

Paris, le 21 février.

J. DELASALLE.

Le soussigné, avocat à la Cour de Paris,

Vu la Note à consulter signée de M. Janicot, la circulaire de M. le directeur général des postes en date du 24 janvier 1867, la note communiquée au journal la *Gazette de France*, et les divers documents cités dans la discussion du Corps législatif du 22 février dernier,

Adhère sans réserve à la consultation délibérée par Mᵉ Albert Gigot, et appuie son adhésion des considérations suivantes :

La circulaire de M. le directeur général des postes, et les autres documents ci-dessus visés, soulèvent deux questions également graves :

Une question de formes consistant à savoir si le préfet de police peut requérir, dans tous les bureaux de poste de France, la surveillance et l'envoi à Paris de toutes les lettres soupçonnées de contenir les éléments d'un délit, au risque de retarder, pour le plus grand préjudice des intérêts privés, la distribution de lettres qui peuvent être ultérieurement reconnues innocentes ;

Une question de droit, qui consiste à savoir si le préfet de police, les préfets, et tous les officiers de police judiciaire, peuvent requérir les agents de l'administration des postes de *surveiller* du même coup toutes les correspondances circulant par leur entremise, afin de s'assurer si ces correspondances contiennent quelque écrit ou imprimé signalé comme délictueux ; et plus encore, si le directeur de l'administration des Postes peut prescrire une telle surveillance à ses agents, sans viser aucune réquisition d'un préfet ou officier de police judiciaire.

La question de forme, si importante au jour où la consultation a été délibérée, paraît aujourd'hui, à la suite des explications données devant le Corps législatif, ne pouvoir plus faire l'objet d'aucun doute.

L'administration a reconnu qu'elle avait commis une illégalité, en prescrivant de renvoyer à Paris, de tous les points du territoire, les lettres considérées comme suspectes ; elle a promis que ce fait ne se renouvellerait plus à l'avenir ; et quelque regrettable qu'il soit d'avoir à constater pour le passé une violation de la loi commise par ceux-là même qui sont chargés de la faire exécuter, il semblerait oiseux pour le jurisconsulte de s'appesantir sur un point qui n'est plus contesté par personne.

Mais la question du fond reste entière.

L'administration soutient toujours :

Que les imprimés, mis sous enveloppes closes, n'ont pas droit au même secret, à la même discrétion que les lettres manuscrites ;

Qu'il n'est même pas permis de mettre des écrits imprimés ou autographiés sous enveloppes closes ; que ces sortes d'écrits ne doivent être présentés à la poste que sous bandes. (Discours de M. Rouher, ministre d'Etat et des finances. *Moniteur* du 23 février, page 197, 4ᵉ colonne, lignes 15 et suivantes) ;

Que les agents des postes ont le droit de palper les enveloppes closes, pour découvrir, soit par le sens du toucher, soit par les signes extérieurs, si l'enveloppe contient un imprimé ou une lettre manuscrite. (*Moniteur* du même jour, page 196, 2ᵒ colonne) ;

Que s'ils constatent ou croient constater l'existence d'un imprimé sous une enveloppe, ils doivent le retenir, et le signaler au préfet ou à l'officier de police judiciaire, pour que la saisie en soit légalement opérée, s'il y a lieu. (Circulaire du directeur général, du 20 mars 1854) ;

Que de telles pratiques rentrent dans les devoirs des agents des postes et sont indispensables pour prévenir les distributions d'imprimés qui seraient publiés en contravention aux lois spéciales (*Moniteur*, page 196, 1ʳᵉ colonne), ou qui seraient contraires aux bonnes mœurs (même page, 3ᵉ colonne) ;

Que le directeur général des postes peut prescrire une surveillance spéciale, pour prévenir la distribution d'un écrit déterminé, sans viser dans ses instructions aucune réquisition d'un préfet ni d'un officier de police judiciaire (page 197, 5ᵉ colonne, ligne 81), et sans désigner aucune personne inculpée, sur les correspondances de laquelle cette surveillance doive s'exercer limitativement.

L'avocat soussigné n'hésite pas à considérer ces théories : 1ᵒ comme constituant à l'égard de la circulation des imprimés, des entraves qu'aucune loi n'autorise ; 2ᵒ comme essentiellement incompatibles avec le secret des lettres, même manuscrites, confiées à la poste.

C'est une prétention nouvelle, inouïe, et certainement inattendue pour tout le monde, de soutenir que le public n'a pas le droit de mettre des imprimés ou des écrits autographiés sous enveloppes, et de compter, pour ces sortes d'écrits, sur la discrétion qui couvre les lettres ordinaires.

La loi fiscale, en autorisant le public à expédier les imprimés sous bandes, moyennant une taxe moindre, a certainement pour unique objet de donner une plus grande facilité pour faire circuler les imprimés à meilleur compte, mais n'interdit en aucune sorte de placer un imprimé sous enveloppe, en payant la taxe supérieure.

Des lois spéciales interdisent, sous des peines déterminées, d'insérer dans des lettres non chargées des billets de banque, bons, coupons de dividendes, etc., payables au porteur (loi du 4 juin 1859). On ne saurait citer aucune loi qui défende d'insérer un imprimé dans une lettre.

L'imprimé placé sous bande est, sans nul doute, soumis à la vérification de tous les employés des postes, qui ont le droit et le devoir de rechercher si la bande ne couvre pas une lettre manuscrite. Il en est de même des papiers de commerce ou d'affaires, pour lesquels la loi accorde une diminution de taxe. Mais dès que les imprimés ou les papiers d'affaires sont couverts par une enveloppe close et soumis à la taxe des lettres closes, ils sont nécessairement inviolables, comme les lettres manuscrites elles-mêmes.

. Une première raison, c'est que la loi n'établit aucune distinction à ce sujet.

Une seconde raison, c'est que les agents des postes ne peuvent, sans manquer à leurs devoirs les plus sacrés, chercher à découvrir ce que contient l'enveloppe, ni à discerner si elle renferme un imprimé ou un manuscrit.

Les autoriser à palper les lettres, ou à vérifier des indices, pour reconnaître si la feuille de papier qu'elles contiennent est manuscrite, imprimée ou autographiée, c'est non-seulement les exposer à commettre de graves méprises (car le sens du toucher ne peut pas les guider avec autant de sûreté qu'on l'a prétendu), mais c'est surtout les engager à un acte que la délicatesse réprouve.

Soulever une enveloppe, lire au travers d'une enveloppe, ce sont des faits de même nature que de regarder au travers d'une serrure ou écouter derrière une porte. L'honnêteté en fait justice.

La loi des 26-29 août 1790, article 2, impose à tous les employés des postes le *serment de garder et observer fidèlement la foi due au secret des lettres ;* et ce serment est solennellement prêté devant les tribunaux, par les moindres agents de l'Administration, le jour de leur institution.

Que serait donc cette religion du secret, si elle interdisait seulement de briser le cachet, de déchirer l'enveloppe, et si elle permettait d'y introduire ou les yeux ou la main ? L'enveloppe est tellement sacrée, qu'elle doit être en quelque sorte impénétrable à la pensée même de celui qui la porte.

Est-il vrai de dire qu'un tel système empêche les employés des postes d'exercer sur les imprimés une surveillance nécessaire, et les expose à se rendre coupables de distribuer des imprimés délictueux ?

L'avocat soussigné est convaincu que les agents des postes n'ont ni le devoir ni le droit d'exercer une surveillance particulière sur les imprimés placés sous des enveloppes ; et qu'ils ne sauraient se rendre coupables en distribuant sous enveloppes des imprimés qui seraient publiés en contravention aux lois, pas plus qu'ils ne se rendent coupables en distribuant journellement des lettres délictueuses.

La distinction que l'Administration a cherché à faire, à ce point de vue, entre l'imprimé et la lettre manuscrite, manque absolument de base.

Sans doute les imprimés sont régis par une législation spéciale ; ils doivent porter le nom de l'imprimeur ; ils doivent, en certaines circonstances, êtres timbrés. Il suit de là que les imprimés, s'ils n'ont pas satisfait aux dispositions de la loi, peuvent donner lieu à des poursuites particulières. De même, ils peuvent être offensants pour les mœurs, ou contenir des attaques contre le gouvernement, et donner également lieu, pour ces faits, à des poursuites.

Mais ce qui est contenu dans les lettres manuscrites peut aussi constituer un crime ou un délit. Prenons quelques exemples :

Les articles 305 et 306 du Code pénal punissent les *menaces par écrit* de peines justement sévères.

Le nouvel article 222 du même Code punit l'outrage *par écrit* à un magistrat, alors même que cet outrage n'a pas été rendu public, ce qui atteint certainement les lettres missives.

L'article 338 du même Code admet comme preuve du délit de complicité d'adultère, *celles résultant de lettres ou autres pièces écrites par le prévenu.*

Enfin, qui ne comprend que des lettres missives peuvent contenir, soit des provocations coupables et extrêmement dangereuses, soit des offenses aux mœurs aussi redoutables que les écrits imprimés ? Et faut-il que, par intérêt pour les mœurs publiques ou pour le repos des familles, l'administration tutélaire surveille toutes les correspondances pour ne distribuer que des lettres irréprochables ?

On voit à quelles conséquences conduirait cette prétention de rendre les agents des postes responsables de ce qu'ils distribuent ?

L'agent des postes ne peut jamais être exposé à commettre un délit, en distribuant un imprimé délictueux renfermé sous enveloppe, par la raison qu'il doit ignorer ce qu'il porte.

Faut-il conclure de là que la poste devra, en toute circonstance, servir d'instrument aux crimes, aux délits, aux contraventions ? Evidemment non.

La justice, la police même, en tant qu'elle est alliée à la justice, pourront toujours requérir la saisie des pièces qui constitueraient par elles-mêmes, ou qui serviraient à constater un acte coupable, que ces pièces soient imprimées ou manuscrites, à la seule condition d'observer les formes prescrites par la loi.

Il paraît inutile de discuter ici la valeur juridique de l'arrêt de la Cour de cassation du 21 novembre 1853. Cet arrêt ne paraît avoir été introduit dans la discussion que pour donner le change sur les véritables questions qu'il s'agit de débattre.

Sans doute, il est grave de transporter au préfet de police et aux préfets les pouvoirs du juge d'instruction. Mais il est bien plus grave encore de permettre et de recommander aux agents des postes, obligés au secret par serment, la surveillance des correspondances, alors même que ces correspondances ne contiennent ni crime ni délit, qu'aucune instruction n'est ordonnée, qu'aucune personne n'est poursuivie ni menacée de l'être.

De quoi s'agissait-il dans les circonstances qui ont motivé la consultation ?

D'une lettre autographiée, signée d'un nom auguste, *qui était expédiée sous enveloppe, dans la forme d'une lettre ordinaire, soit de l'étranger, soit des bureaux de l'intérieur.* (Circulaire du directeur général des postes.)

Il ne s'agissait même pas d'un imprimé, que M. le directeur général considère comme si facile à distinguer, au toucher, d'un manuscrit. Il s'agissait d'une autographie, et il est permis de douter que le sens du toucher suffit pour la discerner, puisqu'elle était expédiée sous enveloppe, dans la forme d'une lettre ordinaire, et apparemment sans aucun signe extérieur.

Cette lettre était expédiée des bureaux de France et de l'étranger ; la surveillance en était recommandée au départ et à l'arrivée. Ce n'était donc pas le timbre d'origine qui pouvait la faire reconnaître.

M. le préfet de police aurait, après avoir pris connaissance de cette lettre, fait des réquisitions, en date du 23 janvier, pour en prescrire la saisie.

Deux lettres, contenant des imprimés dont le tact révélait la présence, auraient été renvoyées à Paris le 27 janvier ; trois autres le 12 février.

Dès le 29 janvier, M. le préfet de police aurait autorisé la distribution des deux premières, en reconnaissant qu'il n'y avait pas lieu à suivre. Quant aux trois autres, arrêtées, on ne sait pourquoi, quinze jours après cette déclaration, elles n'auraient été retardées que de deux heures.

De cet exposé des faits, tiré des documents officiels, on doit conclure que la lettre en question ne contenait, aux yeux même de la police judiciaire, ni crime ni délit.

On doit s'étonner en même temps que, du 24 janvier au 12 février, les agents des postes n'aient reconnu que cinq imprimés suspects circulant sous enveloppes.

S'ils doivent signaler à l'administration tous les imprimés circulant sous enveloppes, il est inadmissible qu'ils en aient découvert un si petit nombre. S'ils ont envoyé à Paris seulement les enveloppes contenant la lettre signalée, comment ont-ils pu discerner cet imprimé de tous les autres imprimés qui devaient circuler en France au même moment?

Ces questions sont ici posées, non pour entrer dans le domaine du fait qui n'appartient pas au jurisconsulte, mais pour montrer, par un exemple tiré de la cause même, à quelles conséquences conduisent les théories de l'administration.

Pour extraire de la masse des correspondances les cinq lettres dont il s'agit, l'administration a provoqué une surveillance générale sur toutes les lettres confiées à la poste en France.

L'administration en avait-elle le droit ? Non.

La loi permet au juge d'instruction, la cour de cassation a reconnu aux préfets le droit de saisir, même à la poste, les pièces de conviction pouvant servir à constater un crime ou un délit. Mais, ni dans la cause jugée en 1853, ni dans aucune autre cause analogue, il ne s'est jamais agi de saisir que les lettres adressées à des personnes inculpées d'un crime ou d'un délit, et déterminées par la réquisition même du magistrat.

Les exigences de la sûreté publique et particulière peuvent rendre nécessaire un tel moyen d'instruction; il serait du moins superflu de le discuter ici.

Mais aucune loi, ni aucun arrêt, n'a jamais autorisé ni pu autoriser, sous prétexte de rechercher un délit imaginaire, la mise en surveillance de toutes les enveloppes expédiées par des personnes ou à des personnes étrangères à toute inculpation. Il serait hors de propos d'insister ici sur les dangers d'une telle pratique; le jurisconsulte doit se borner à en constater l'illégalité.

Délibéré à Paris, le 3 mars 1867.

AM. LEFEVRE-PONTALIS.

J'adhère à la consultation qui précède. La poste est un dépôt public, les déposants sont garantis contre la violation du secret des lettres par des règles nécessaires au maintien de l'ordre. Le fait de l'ouverture des lettres a donc été justement prévu et puni par le Code pénal. Ainsi, la circulaire par laquelle un préposé à la direction des postes ou à un bureau autorise la vérification et le tri des lettres, comporte une illégalité reprochable.

Paris, le 26 février 1867.

F. MALAPERT,
Avocat, docteur en droit.

Le soussigné, docteur en droit, ancien avocat à la Cour de cassation, avocat à la Cour de Paris, adhère pleinement à la consultation de son confrère M⁰ Gigot.

L'administration des postes *est un mandataire privilégié et salarié* qui, moyennant certaines rétributions fixées par la loi, se charge de transporter et de distribuer les dépêches qui lui sont confiées.

Donc, comme tout mandataire, elle est tenue d'accomplir fidèlement et exactement les obligations qui résultent de son mandat;

Et ces obligations sont d'autant plus étroites qu'elle exerce un monopole et perçoit un salaire.

Aussi, tout employé de l'administration doit-il, avant d'entrer en fonction, prêter serment devant le tribunal de remplir fidèlement son devoir et de respecter avant tout le secret des lettres.

Le public doit par cela même être disposé à accorder la plus entière confiance à ce mandataire que la loi lui impose.

Cependant, qu'arrive-t-il?

M. le directeur général des postes, c'est-à-dire le haut mandataire du public pour le transport des dépêches, donne à tous les agents de l'administration l'ordre d'examiner les lettres, de chercher à découvrir ce qu'elles peuvent contenir, et si cet examen leur fait supposer que quelques-unes contiennent une pièce dont se préoccupe M. le directeur général, ils doivent les arrêter en chemin et les envoyer à Paris sous l'étiquette de suspectes.

Lorsqu'elles seront arrivées à Paris, qu'en fera M. le directeur?

Les ouvrira-t-il ou ne les ouvrira-t-il pas ?

S'il les ouvre, il donnera un singulier exemple du respect dû au serment.

S'il ne les ouvre pas, il les remettra sans doute à M. le préfet de police, qui, lui, d'après la jurisprudence si justement critiquée par la consultation, a le droit de les ouvrir.

Mais si M. le préfet de police les ouvre, c'est que M. le directeur-général des postes, notre grand mandataire à tous, les lui aura remises.

Or, en faisant cette remise, M. le directeur-général aura pu faire l'affaire de M. le préfet de police, être son *negotiorum gestor ;* mais il n'aura pas, à coup sûr, accompli son mandat dans les termes où il l'a reçu, dans les termes où il l'a accepté.

Nous entendons très-bien que, d'après la jurisprudence, les officiers de police judiciaire peuvent, en observant les prescriptions de la loi, saisir dans les bureaux de poste les lettres qui leur paraissent suspectes ;

Mais les officiers de police judiciaires n'ont compétence que dans l'étendue de leur circonscription respective, de sorte que M. le préfet de police ne peut saisir des lettres *qu'à Paris.*

Et nous ne croyons pas que l'administration des postes, notre mandataire, soit dans l'exercice de ces fonctions en réunissant à Paris toutes les lettres suspectes ramassées sur tous les points de l'Europe, pour les remettre à M. le préfet de police, et lui permettre de les ouvrir dans le lieu où s'exerce sa compétence.

M. le préfet de police pourrait-il saisir des lettres à Marseille ?

Non.

Personne ne soutiendra le contraire.

Mais on tourne la difficulté, on fait venir les lettres de Marseille à Paris, et là on les confie à M. le préfet de police, qui les ouvre.

C'est quelque chose d'exorbitant.

Sans doute les magistrats peuvent adresser à leurs collègues d'une autre circonscription une commission rogatoire pour saisir les lettres, et si cela eût été fait, il n'y aurait qu'à s'incliner devant la mesure.

Mais alors l'intervention de la magistrature nous aurait donné à tous quelques garanties de prudence et d'examen.

Au lieu de cela, voilà les employés des postes érigés en magistrats instructeurs du premier degré ; effrayés de la responsabilité qui leur incombe, s'ils laissent passer la circulaire signalée, ils aimeront mieux s'exposer à arrêter des lettres innocentes que d'encourir le reproche de négligence en laissant circuler des lettres contenant la pièce incriminée.

Dans tous les cas, ce n'est pas à M. le directeur général de l'administration des postes, dont la devise doit être *célérité et discrétion*, qu'il appartient de se faire l'agent des ordres de M. le préfet de police.

S'il est un principe incontestable et incontesté, c'est que le mandataire représente la personne du mandant. Or, nous nous demandons comment la justice apprécierait l'acte d'un mandataire qui, recevant des lettres pour son mandant ou chargé de les lui faire tenir, s'empresserait de les adresser à M. le préfet de police pour faciliter les recherches qu'il aurait prescrites.

Sans doute l'administration des postes, comme tout le monde en France, doit obéir à la loi et se soumettre aux ordres légaux des magistrats ; elle doit donc *laisser faire* dans les bureaux les perquisitions qui y sont prescrites ; mais elle ne peut pas les *faire faire* par ses agents qui n'ont pas mission pour cela et qui sont institués dans un but diamétralement opposé.

En résumé, nous avions cru jusqu'ici, sur la foi des circulaires et des instructions de l'administration ;

Que toute lettre confiée à la poste est inviolable ;

Que le secret dû aux correspondances ne s'entend pas seulement de la défense de chercher à pénétrer leur contenu, mais il comprend encore l'interdiction formelle de divulguer ou *chercher* à connaître qui expédie ou qui reçoit des lettres (Instruct. du 30 mars 1832, art. 811) ;

Et qu'il n'y a d'exception à ces principes que si l'administration des postes se trouve en présence d'un réquisitoire régulièrement signifié.

La dernière circulaire de M. Vandal aurait détruit la confiance que nous inspiraient ces instructions, si l'article 187 du Code pénal n'était là pour nous rassurer.

Cet article est ainsi conçu :

« Toute suppression, toute ouverture de lettres confiées à la poste, *commise ou facilitée* » par un *fonctionnaire ou un agent du gouvernement ou de l'administration des postes* sera » punie d'une amende de 16 fr. à 500 fr. et d'un emprisonnement de trois mois à cinq ans. » Le coupable sera, de plus, interdit de toute fonction ou emploi public pendant cinq ans au » moins et dix ans au plus. »

La Cour de cassation a jugé que cet article comprend dans sa disposition non-seulement le cas où le fonctionnaire aurait, dans l'exercice de ses fonctions, violé le secret des lettres confiées à la poste ; mais encore celui où par abus de son autorité et de l'influence légitime qu'elle lui donne à l'égard des dépositaires de ces lettres, il aurait commis ou facilité leur suppression ou leur ouverture. (Cassation, 6 août 1841 ; Sirey, 41, 1, 800.)

La circulaire de M. le directeur général des postes est la négation de tous les principes ; mais elle ne peut avoir plus d'autorité qu'eux. Il suffira sans doute de les rappeler pour que la circulaire soit rapportée et que l'administration reste pénétrée des devoirs qui lui sont imposés dans l'accomplissement de sa mission.

ÉMILE LENOEL.

Le soussigné adhère pleinement à la consultation de Me Albert Gigot.

Aucun *réquisitoire* du préfet de police n'a pu conférer aux directeurs de tous les bureaux de poste de France le droit de *saisir* des correspondances privées pour les envoyer à la direction centrale. La circulaire du directeur des postes pouvait encore moins, en exécution de ce réquisitoire, leur intimer l'ordre de manquer ainsi au premier de leurs devoirs.

Il faut même remarquer que le réquisitoire derrière lequel on prétend s'abriter n'est pas produit. Il serait intéressant de savoir en vue de quel délit, contre quel prévenu et dans quels termes M. le préfet de police a *requis* M. le directeur général des postes de faire procéder, sur tous les points du territoire, à des actes qu'aucun juge d'instruction n'eût demandés hors de son ressort autrement que par des commissions rogatoires à ses collègues ; commissions rogatoires dont l'exécution eût dû être accompagné, dans chaque localité, des formalités protectrices qui se trouvent arbitrairement supprimées, comme si une simple circulaire émanée d'un administrateur dont les fonctions n'ont rien de judiciaire, pouvait tenir lieu de toutes les garanties légales.

Paris, le 19 février 1867.

A. AUDOY,
Docteur en droit, avocat à la Cour impériale.

L'avocat soussigné adhère pleinement à la consultation délibérée par Me Albert Gigot. En effet, en considérant même comme au dessus de toute critique la doctrine consacrée par l'arrêt de cassation de 1853, il ne peut être contesté que la circulaire du 24 janvier 1867 est tout au moins entachée d'un grave abus de pouvoirs ; car M. le directeur général des postes, auteur de cette circulaire, n'est pas au nombre des fonctionnaires que l'art. 10 du Code d'instruction criminelle charge d'exercer la police judiciaire, et il n'a pu déléguer à ses agents un droit qui ne lui appartient pas.

Il n'a pu davantage faire cette délégation en vertu d'une autre délégation qu'il aurait reçue lui-même de M. le préfet de police. M. le préfet de police peut, il est vrai, se prévaloir des dispositions de l'article 10 du Code d'instruction criminelle, mais il ne peut s'en prévaloir que dans le ressort de sa préfecture, c'est-à-dire dans le département de la Seine et dans quelques communes du département de Seine-et-Oise. Si donc, ainsi que l'affirme le *Communiqué* adressé à la *Gazette de France*, M. le préfet de police a réellement notifié un réquisitoire à M. le directeur général des Postes, réquisitoire qui n'est malheureusement pas mentionné dans la circulaire du 24 janvier, M. le directeur général des postes a fait un étrange abus de ce réquisitoire en le notifiant aux directeurs des bureaux de poste situés en dehors du ressort de la Préfecture de police, et M. le préfet de police, a excédé les limites de sa compétence en prescrivant des mesures en dehors de son ressort à M. le directeur général des postes.

Si l'administration supérieure, c'est-à-dire Son Exc. M. le ministre de l'intérieur chargé de la direction de la sûreté générale, a jugé dans sa sagesse que la circulation de la lettre de M. le comte de Chambord pouvait compromettre gravement la paix publique dans toute la France, il devait charger les quatre-vingt-douze préfets de France et d'Algérie de notifier chacun dans leur ressort, à qui de droit, le réquisitoire nécessaire pour arrêter cette circulation, à la condition, bien entendu, que cette circulation fût contraire aux lois du pays, et que les formalités tutélaires destinées à protéger le secret des lettres fussent observées, car ni l'article 10 du Code d'instruction criminelle ni l'interprétation si large donnée à cet article par l'arrêt de 1853 n'ont eu pour but ou pour résultat de dispenser de ces formalités les fonctionnaires de l'ordre administratif, momentanément investis de l'exercice de la police judiciaire.

HENRY MOREAU,
Avocat à la Cour impériale.

J'adhère pleinement à la remarquable consultation de Me A. Gigot. Je veux simplement remarquer que la jurisprudence dernière de la Cour de cassation a mené jusqu'à l'extrême limite l'interprétation de la loi en conférant au préfet de police à Paris le droit de saisir personnellement les lettres à la poste ; pour respecter la loi il faudra plutôt revenir de ces extrêmes frontières que les reculer encore par une nouvelle usurpation de la police sur la liberté civile. Le droit exorbitant reconnu par l'arrêt du 21 novembre 1853 est inhérent au préfet. Il est restreint à sa personne, il est restreint à la localité qu'il administre. S'il s'agit donc, comme dans l'espèce, du préfet de police de Paris, outre qu'il n'a jamais le droit de déléguer sa terrible prérogative à personne, il ne peut l'exercer, la pratiquer hors de son département, ou s'il sort de ces limites, le devoir promis, juré (29 août 1790, art. 2), de tous les agents de l'administration des postes est de résister à tout ordre excentrique, usurpateur, radicalement nul.

Aussi, lisez le *Communiqué*; l'avocat officiel vous apprendra sans détour que *l'on centralise* les lettres à Paris, afin de donner ouverture à *la prérogative jurisprudentielle* du préfet de police pour lui permettre de saisir, sans autre préoccupation d'origine, des lettres qui, *en fait*, se trouvent à Paris, dans la région d'exercice que l'arrêt du 21 novembre lui reconnaît, et dès lors, dit le *Communiqué*, « le droit n'est pas controversable. » Mais ces lettres n'ont pu venir à Paris sans une manœuvre coupable; j'aperçois bien que le procédé et l'explication du communiqué mettent le préfet de police à couvert par la jurisprudence du 21 novembre 1853, et que pensez-vous de ce droit du préfet de police, successif d'un délit, et qui ne peut se faire innocent que par la culpabilité des agents de la poste; car le communiqué l'avoue, c'est en l'absence de tout mandat judiciaire, en dehors des pouvoirs autorisés par les art. 87 et 88 du Code d'instruction criminelle que l'administration des postes distrait, intercepte, divertit, et pour tout dire en langue officielle, *centralise* au hasard les correspondances et commet le délit de l'article 187 du Code pénal?

Paris, le 19 février 1867.

L. GAMBETTA,
Avocat à la Cour impériale.

BARREAU DE PAU

Par respect pour les communications entre citoyens, des sentiments les plus intimes et des pensées relatives aux intérêts les plus divers et les plus précieux, le législateur a posé en principe, dans l'article 187 du Code pénal, que toute suppression, toute ouverture de lettres confiées à la poste, commise ou facilitée par un fonctionnaire ou un agent du gouvernement ou de l'administration des postes, sera punie d'une amende de 16 fr. à 500 fr. et d'un emprisonnement de trois à cinq ans. Le coupable doit, en outre, être interdit de toute fonction ou emploi public pendant cinq ans au moins et dix ans au plus.

Une exception a été apportée à ce principe général par l'art. 87 du Code d'instruction criminelle qui, dans le cas de poursuites dirigées contre un prévenu, permet au magistrat chargé de rechercher les pièces de conviction de faire la perquisition des papiers, effets, et généralement de tous les objets qui seront jugés utiles à la manifestation de la vérité.

L'instruction générale des postes a entouré l'application de ce dernier article de formalités qui en rendent l'abus sinon impossible, au moins difficile. Ainsi, les lettres adressées à des individus en état de *prévention ou d'accusation*, peuvent être saisies par les agents de l'ordre judiciaire en vertu d'un réquisitoire du procureur impérial; mais cette instruction exige que le réquisitoire énonce l'état de prévention ou d'accusation des destinataires, qu'il reste entre les mains du directeur et que le magistrat qui opère la saisie donne un reçu des lettres dont il s'empare.

Le cas pour lequel la circulaire de M. Vandal a été faite ne rentre pas dans l'exception prévue par l'article 87 du Code d'instruction criminelle; de plus, elle méconnaît les formalités dont l'application de cette disposition doit être entourée. Aussi, les soussignés n'hésitent pas à considérer cette circulaire comme illégale et à adhérer à la consultation rédigée par Me Albert Gigot, avocat au conseil d'Etat et à la cour de cassation.

Marcel Barthe, ancien bâtonnier. — Soulé, avocat, membre
du conseil de l'ordre. — Larivière père. — J. Lamaignère
aîné, ancien bâtonnier. — Em. Garet, membre et ancien
secrétaire du conseil de l'ordre. — Fric, avocat, membre du
conseil de l'ordre.

BARREAU DE POITIERS

J'adhère complétement aux conclusions de la consultation de M⁰ Albert Gigot.

ERNOUL,
Avocat à la Cour de Poitiers.

BARREAU DE RENNES

Les soussignés, avocats du barreau de Rennes, donnent leur adhésion sans réserves à la consultation de M. Algert Gigot, au sujet de la circulaire de M. le directeur général des postes, en date du 24 janvier 1867 :

> Th. Didard, ancien bâtonnier, membre du conseil de l'ordre. — Denis, ancien bâtonnier, membre du conseil. — Garnier du Plessis, ancien bâtonnier, membre du conseil de l'ordre. — Charmoy, membre du conseil de l'ordre. — Hûe, professeur de l'Ecole de droit. — Jouin, ancien représentant. — Legeard de la Diryais. — J. Michel de la Morvonnais. — G. Jouanet. — Magloire Dorange. — Martin-Feuillée. — Ropartz. — Lesbaupin. — Brice. — Roux-Lavergne. — Hamard. — Loïc Petit. Samuel Denis. — Foucqueron. — Guérin-Villaubreil. — A. Denis. — J. Grange.

BARREAU DE ROUEN

Les avocats soussignés auxquels on a communiqué les consultations délibérées par MM⁰ˢ Albert Gigot, Sénard et autres honorables avocats des barreaux de Paris, de la Cour de cassation et de plusieurs Cours impériales sur la légalité de la circulaire de M. le directeur des postes,

Adhèrent pleinement aux résolutions adoptées dans ces consultations et aux motifs sur lesquels elles sont basées. La légalité de la saisie des lettres dans les différents bureaux de postes, par les employés de ces bureaux sans l'intervention de l'autorité judiciaire, sans la constatation par procès-verbaux de l'accomplissement des formalités qui doivent accompagner la saisie, sans même une réquisition de l'autorité locale compétente, est une question que l'on peut dire jugée par les débats auxquels la circulaire dont il s'agit a donné lieu devant le Corps législatif.

L'examen extérieur des lettres closes ou sous enveloppes, pour y constater l'existence d'imprimés, n'est pas davantage, ainsi que le démontre si nettement la consultation de M⁰ Sénard, un motif légitime pour en opérer la saisie ou en arrêter la circulation.

La vérification des imprimés, la nécessité de ne les clore que par des bandes mobiles, n'a d'autre raison d'être que le tarif de faveur accordé à ces imprimés, tarif qui cesse d'être applicable si l'imprimé contient une partie quelconque manuscrite, ce qui le transformerait en lettre missive, et le soumettrait au tarif commun. Mais si volontairement l'expéditeur renonce à la faveur du tarif réduit des imprimés, s'il paye le tarif commun, il soustrait, par cela seul, son envoi, non pas aux investigations de la justice, si l'imprimé contient la substance d'un crime ou d'un délit, mais aux investigations de l'administration des postes, dont aucun règlement, aucune prescription légale n'ont été violées. Un exemple fera ressortir cette vérité : Un individu confie à la poste un imprimé sur lequel il a fait des annotations sur lesquelles il appelle l'attention d'un conseil ou d'un ami; s'il met l'imprimé sous bandes pour tenter de profiter du tarif de faveur, il commet une contravention postale; s'il veut rester dans la loi, non-seulement il peut, mais il doit faire circuler l'imprimé, devenu lettre missive, sous la forme, et en payant le droit auxquelles sont soumises les lettres missives. Peut-il commettre une contravention postale en se conformant strictement aux lois postales? L'employé qui, grâce à la finesse de son tact, devine ou croit deviner l'existence de l'imprimé, mais qui ne peut ni reconnaître ni deviner l'existence des additions manuscrites, qui lui donnent le cachet de la pensée personnelle de l'expéditeur, qui d'un écrit public font un écrit privé et secret, pourra-t-il même, comme en matière de transport de billets de banque, en exiger l'ouverture dans les bureaux par le destinataire? Non, car dans ce cas il devrait s'arrêter sans vérifier la teneur de l'imprimé, et la mainmise sur la lettre serait une vexation inutile, sans résultat possible ou il pourra vérifier, et alors le secret de la pensée privée sera violée; il y aura infraction grave au principe de la loi postale. Vexation inutile ou violation formelle de la loi, tel est le résultat nécessaire de l'examen des lettres, même à l'extérieur par les employés de la poste pour y découvrir des envois d'imprimés. Cet examen est donc impossible.

Rouen, 26 mars 1867.

> Taillet, bâtonnier. — Desseaux, ancien bâtonnier. — Deschamps, ancien bâtonnier. — Lecœur, ancien bâtonnier. — Vaucquier du Traversain, membre du conseil. — R. d'Estaintot. — Carré. — Vavasseur. — A. Homais. — Marais. — Vermont jeune. — R. Lecœur. — Justin. — Lesage. — Ricard. — Paul Allard.

BARREAU DE TOULOUSE

Les avocats soussignés du barreau de Toulouse déclarent adhérer pleinement à la consultation de Me Albert Gigot.

> MMes Timbal, ancien bâtonnier. — Rumeau, ancien bâtonnier. — Tournayre, ancien bâtonnier. — Auguste Albert. — De Saint-Gresse, docteur en droit. — Octave Depeyre. — Jacques Piou. — C. Du Gabé. — Du Gabé fils. — Manau. — Henry Ebelot. — Cousin. — Guillaume Garrigues. — P. Vaisse Cibiel. — Astrié Rolland, docteur en droit. — De Grimal. — Beaute. — De Lapeyrie, ancien magistrat. — Barateau. — Favarel. — Joseph d'André. — L. Mercié. — Louis Bunel. — Mestre. — Dassieux.

Toulouse, 21 février 1867.

On vient de voir que nous avions demandé à Mᵉ Gigot et aux principaux jurisconsultes du barreau une consultation sur la portée légale de la circulaire de M. le directeur général des postes. Nous avons voulu savoir si les explications fournies au Corps législatif dans la séance du 22 février étaient de nature à modifier leur opinion, et nous avons demandé à l'un d'entre eux sur ce point, ainsi que sur l'instruction du 24 mars 1854 produite à la chambre, une nouvelle consultation que nous sommes heureux de pouvoir mettre sous les yeux de nos lecteurs. — Aubry-Foucault.

L'avocat soussigné n'a point à apprécier le côté politique du débat qui a eu lieu au Corps législatif. Cette tâche a été remplie avec le talent que tout le monde sait par MM. Pelletan et Picard. Le soussigné ne peut et ne doit s'expliquer que sur les questions de droit engagées dans le débat et sur le caractère juridique soit de la circulaire du 24 janvier, soit des documents administratifs invoqués à l'appui.

I

La circulaire du 24 janvier avait nettement transmis l'ordre d'EMPÊCHER l'introduction et la distribution de la lettre de M. le comte de Chambord ; elle enjoignait aux agents des postes de « *surveiller toutes les correspondances,* » et de transmettre tous les exemplaires découverts au bureau central de Paris avec cette mention : « *Lettre saisie en vertu de l'ordre de l'ADMINISTRATION du 24 janvier 1867.* » Ces prescriptions n'avaient évidemment aucun caractère judiciaire ; il ne s'agissait pas d'un délit à rechercher et à réprimer, mais d'un écrit à arrêter ; en outre, elles étaient conçues dans des termes tels que la France entière comprit que les agents des postes étaient autorisés à ouvrir les lettres suspectes pour en extraire l'écrit incriminé. On ne connaissait pas d'autre moyen de vérifier le contenu d'enveloppes closes.

Le *Communiqué* rassura, sous ce dernier rapport, l'opinion ; il affirma que les lettres suspectes ne seraient pas ouvertes, mais seulement dirigées sur Paris, où leur cachet ne serait brisé que par M. le préfet de police : de plus, il révéla l'existence d'un réquisitoire de ce fonctionnaire prescrivant la saisie.

Au surplus, le *Communiqué* maintint énergiquement la légalité des mesures édictées par la circulaire.

A la Chambre, M. le directeur général des postes, commissaire du gouvernement, a reconnu que la légalité de sa circulaire était contestable en ce que les mesures prescrites s'étendaient aux départements. M. le ministre d'Etat est allé plus loin : malgré l'autorité des jurisconsultes anonymes invoqués par M. le commissaire du gouvernement, M. le ministre a formellement déclaré que la circulaire était doublement illégale : illégale par l'extention territoriale qu'elle donnait aux pouvoirs du préfet de police ; illégale par l'ordre qu'elle donnait de faire venir à Paris, pour y être vérifiées, les lettres jugées suspectes dans les divers départements.

Nous ne méconnaissons pas la portée de ces déclarations et du désaveu infligé par l'organe le plus considérable du gouvernement non-seulement à la circulaire, mais au *Communiqué.*

Mais si importante que soit cette satisfaction donnée à l'opinion publique, désintéresse-—elle le droit ? Nous ne le pensons pas.

II

Les organes du gouvernement ont sacrifié la forme, mais ils ont maintenu le fond des prétentions contenues dans la circulaire ; ils ont revendiqué le droit, pour l'administration, de surveiller toutes les correspondances ; ils ont proclamé l'inviolabilité du secret des lettres, mais en réduisant cette inviolabilité au respect du cachet ; pourvu que la lettre ne soit pas matériellement ouverte, il serait permis de l'examiner sous toutes ses faces pour en pénétrer le contenu. L'administration est fière de l'intelligence de ces agents expérimentés dont le toucher est développé à l'égal des aveugles qui lisent avec les doigts. Personne ne doute de la sincérité de M. le directeur général, mais c'est un mauvais moyen d'inspirer aux agents des postes la discrétion religieuse dont il parle, que de les dresser à l'art de deviner le contenu des lettres.

M. le directeur général connaît cependant les faiblesses humaines, et la meilleure garantie qu'il nous offre de la discrétion de ses 26,000 agents, c'est que la rapidité du service ne leur laisserait pas le temps de manquer à leur devoir. Mais s'ils ont bien le loisir de vérifier les signes extérieurs des lettres, de les palper, d'en étudier l'écriture, est-il donc bien plus long de les ouvrir ? La curiosité est mauvaise conseillère et mettra bien vite au service des plns misérables intrigues la science d'investigation que la politique aura apprise aux agents des postes. Les faits qui se sont récemment produits à Segré, et qu'une instruction judiciaire n'a pu éclaircir, prouvent jusqu'où peuvent aller les indiscrétions encouragées par des exemples ou des enseignements mal compris. Pour sauvegarder l'inviolabilité des correspondances parmi tant d'hommes sollicités par un zèle mal entendu et par mille passions diverses, il faudrait, au contraire, les habituer pour ainsi dire à détourner les yeux de ce dépôt sacré qui doit passer par leurs mains sans même éveiller leur attention.

D'ailleurs, il n'y a pas de demi-secret ; pour être réel, le secret des lettres doit être absolu, et les agents des postes n'ont pas plus le droit de deviner les noms des auteurs ou des destinataires des correspondances confiées à leur loyauté que d'en lire le contenu.

III

Du moins, ces investigations extérieures qui, à nos yeux, compromettent et profanent l'inviolabilité des lettres, seront-elles limitées, suivant les prévisions de l'arrêt du 21 novembre 1853, à quelques correspondances de prévenus qu'un crime ou un délit aura placés sous le coup de poursuites judiciaires ? Aucunement, et c'est ici que la théorie soutenue par le gouvernement dans la séance du 22 février prend une extrême gravité.

En 1854, devant la Cour de cassation, M. le procureur général de Royer avait présenté, comme la garantie du public contre l'abus du droit revendiqné par le préfet de police, « le devoir de constater l'opération par un procès-verbal, *et de saisir les tribunaux. C'est là,* disait l'éminent magistrat, *que se trouve la limite et la garantie.* »

A son tour, dans l'arrêt même qu'invoque l'Administration, la cour suprême s'était ainsi exprimée:

« Attendu qu'il est constant en fait que les correspondances saisies et ouvertes dans l'es-
» pèce, en vertu de mandats de perquisitions délivrés par M. le préfet de police, constituaient
» le corps et la preuve du délit d'instruction en France, sans autorisation, de journaux
» publiés à l'étranger, et destinés à attaquer et à décrier le gouvernement français; QUE CES
» MANDATS AVAIENT POUR BUT DE METTRE SOUS LA MAIN DES MAGISTRATS *les auteurs du délit*
» *susmentionné,* ainsi *que les pièces de conviction et le corps du délit...* »

La circulaire du 24 janvier a pris soin de constater elle-même que son but est non pas de « mettre sous la main des magistrats » l'auteur ou les auteurs d'un délit, mais uniquement d'*empêcher l'introduction et la circulation* de l'écrit de monsieur le comte de Chambord. Il s'agissait si peu d'une poursuite judiciaire dans les termes du Code d'instruction criminelle, que M. le préfet de police n'a pas saisi la justice comme M. le procureur général de Royer lui en faisait un devoir, et que, après avoir examiné les lettres qui lui ont été remises, il les a fait « rendre au service, » sans même en avoir référé au parquet.

Acceptant le fait et l'érigeant en théorie, contrairement à la doctrine de l'arrêt qu'ils in - voquent, M. le directeur général et M. le ministre d'Etat ont l'un et l'autre soutenu que M. le préfet de police à Paris et les préfets dans les départements peuvent, en dehors de toute pour- suite judiciaire mettre en surveillance non pas les lettres de tel ou tel prévenu, mais la cor- respondance de leur département tout entier.

Dans ce système, ce ne sera plus un préfet ou un commissaire de police délégué par lui, comme le veut l'arrêt de 1853, qui viendra opérer une perquisition dans un bureau de poste et y saisir certaines lettres déterminées ; ce seront tous les agents des postes qui, sans pro- cès-verbal, arrêteront provisoirement toutes les lettres suspectes ; les préfets viendront en- suite et ils ouvriront ou feront ouvrir ces lettres par un auxiliaire quelconque de la justice, commissaire de police ou garde-champêtre. Les lettres arrêtées par erreur seront revêtues d'un timbre constatant qu'elles ont été ouvertes par autorité de justice et les destinataires en seront quittes pour les recevoir quelques heures ou quelques jours plus tard.

Suivant les orateurs du gouvernement, lorsqu'il s'agit d'écrits dont les auteurs ne peuvent être atteints par les tribunaux, l'administration a le droit non plus d'aider la justice ou de la devancer, mais de la suppléer, c'est-à dire de se substituer à elle.

Dans ce cas, elle n'hésite pas à saisir et à confisquer des écrits qui ne sont ni poursuivis ni condamnés, mais qu'elle juge coupables. M. le ministre d'Etat a cité divers ouvrages qui, sans avoir été condamnés ni poursuivis, sont de cette façon saisis et retenus par la poste. Ici, M. le ministre se place en opposition formelle avec le texte même de l'article 10 du Code d'instruction criminelle qu'il invoque. En effet, cet article ne donne aux préfets d'autres droits que celui de « *faire les actes nécessaires à l'effet de constater les crimes,* » *délits et contraventions, et d'en livrer les auteurs aux tribunaux.* » Ni cet article, ni au- c un autre texte de loi, ni aucun arrêt, même celui du 21 novembre 1853, ne confèrent ni au préfet de police, ni à plus forte raison à l'administration des postes, le pouvoir d'em- pêcher la circulation d'un écrit qui n'a été ni poursuivi ni condamné. Ce droit que M. le ministre a revendiqué pour l'Administration est bien celui que prétend exercer en propres termes la circulaire désavouée par lui ; mais il est impossible de trouver dans nos lois une ligne qui le justifie.

Les orateurs du gouvernement ont été plus loin encore : sans aucune réquisition d'aucune autorité, soit judiciaire, soit administrative, les agents des postes doivent constamment sur- veiller les correspondances qui passent par leurs mains ; si une lettre leur paraît suspecte de contenir un imprimé, d'office ils doivent arrêter la lettre et la retenir jusqu'à ce que le préfet, averti par eux, en ait vérifié le contenu. Ainsi, quand nous confions nos lettres à la poste, au lieu du dépositaire forcé, mais discret et fidèle, que nous promet la loi, nous trouvons un surveillant toujours en éveil.

Sur ce point, la théorie législative dépasse de beaucoup le *Communiqué* lui-même ; le *Communiqué* supposait la nécessité d'un réquisitoire du préfet. Suivant MM. les commissaires du gouvernement, la poste, à laquelle cependant ne peut s'appliquer l'art. 10 du Code d'instruction criminelle, a le *devoir*, non pas d'ouvrir, il est vrai, mais d'arrêter d'office toute lettre suspecte.

Dans toutes ces hypothèses, la poste n'ouvre pas les lettres ; mais elle les supprime, au moins momentanément ; elle les supprime, sauf restitution ; or, comme nous l'avons dit dans une précédente consultation, la restitution n'efface pas le délit, et l'art. 187 du Code pénal punit la suppression des mêmes pénalités que l'ouverture des lettres.

IV

A quelle condition, cependant, tous ces droits seront-ils dévolus à l'Administration ? A une seule : c'est que les lettres ainsi arrêtées administrativement paraissent contenir un imprimé.

Suivant cette théorie toute nouvelle, produite par les orateurs du gouvernement, la poste ne doit pas le secret aux imprimés, lors même que les imprimés sont placés sous une enveloppe close.

La loi n'a fait nulle part cette distinction, et l'article 187 du Code pénal est absolu dans ses termes. Arrêter une lettre, c'est la supprimer, nous l'avons dit. Lors donc qu'en dehors d'une réquisition régulière de la justice, un agent des postes arrête une enveloppe close, sous prétexte qu'elle contient un imprimé, il commet le délit prévu et puni par l'article 187 du Code pénal. Mais il y a mieux : si développé que soit le sens du toucher chez les employés des postes, ils peuvent se tromper et retenir une enveloppe qui contienne, non un imprimé, mais des papiers d'affaires : dans ce cas, c'est bien une lettre privée qui aura été supprimée.

Pour établir cette juridiction exceptionnelle de l'Administration sur la circulation des imprimés, on se fonde sur ce que les imprimés doivent être timbrés et porter l'indication des presses qui les ont produits. Ainsi, ce n'est même plus pour sauver l'Etat ou pour découvrir des crimes ou délits menaçant la sûreté publique, c'est pour constater une contravention, une contravention aux lois sur le timbre, que les correspondances des citoyens les plus inoffensifs seront ou violées ou du moins retardées, au risque de leur causer les plus graves préjudices.

On ajoute que les agents des postes sont tenus à cette surveillance ; car ils sont *solidairement responsables* des contraventions qui seraient commises par la distribution sous enveloppe d'imprimés non timbrés. Nous ne connaissons pas et nous regrettons qu'on ait négligé d'indiquer la loi qui édicte cette responsabilité ; nous osons dire qu'elle ne peut pas exister, car elle serait contraire aux principes élémentaires et essentiels de notre droit pénal. L'agent de la poste à qui la loi défend d'ouvrir les enveloppes qui lui sont confiées, ne peut pas être responsable de leur contenu, qu'il n'a pas le droit de connaître.

On invoque les instructions de 1826 et de 1840 ; mais ces instructions ont un sens tout différent de celui qu'on leur assigne, ainsi que l'a justement fait remarquer M. Garnier-Pagès ; les imprimés qui circulent sous bande étant soumis à une taxe fort inférieure à celle qui frappe les lettres, dans un but fiscal, les instructions de 1826 et de 1840 ont recommandé aux agents de vérifier si les imprimés mis à la poste sous bande ne contenaient rien de manuscrit, et, pour faciliter ces constatations, l'administration exige que les bandes ne recouvrent pas l'imprimé. Mais si l'imprimé est mis sous enveloppe et soumis à la taxe ordinaire, les instructions de 1826 et de 1840 ne prescrivent et n'autorisent aucune investigation. Le régime parlementaire qui, à cette époque, protégeait tous les droits, n'aurait pas permis de telles pratiques.

Reste l'instruction du 20 mars 1854, dont la révélation publique ne causera pas moins d'étonnement que la circulaire elle-même du 24 janvier ; on y lit ce qui suit :

« Les *imprimés renfermés dans des enveloppes ou dans des lettres sont faciles à recon-*
» *naitre*. L'administration ne pouvant servir d'instrument à des contraventions aux lois ni
» s'en rendre complice, les directeurs devront *désormais* (c'est bien une innovation) retenir
» tout imprimé, *même renfermé dans une enveloppe ou dans une* LETTRE QUI LEUR PARAITRA
SUSPECTE. *Ils le* SIGNALERONT *sans retard*, soit au préfet du département, soit à l'officier de
» police judiciaire délégué près d'eux par ce magistrat pour recevoir les communications de
» cette nature, afin que la saisie puisse en être opérée légalement s'il y a lieu... »

Nous reconnaissons volontiers que la circulaire du 24 janvier et les théories émises par les orateurs du gouvernement dans la séance du 22 février sont conformes à l'instruction qu'on vient de lire. Mais quelle est la valeur légale de cette instruction qui transforme les agents de la la poste en auxiliaires de la police et en dénonciateurs publics ? L'instruction n'a pas plus d'autorité que la circulaire; elle émane du même pouvoir ; elle ne peut suppléer à la loi et encore moins y déroger. C'est le « Code de l'administration, » dit M. le directeur général ; soit ! mais c'est un code que l'administration s'est fait à elle-même. En démontrant plus haut l'illégalité de la théorie que résume cette instruction, nous avons par cela même démontré l'illégalité de l'instruction elle-même.

L'instruction du 20 mars commet une grave erreur lorsqu'elle proteste contre la nécessité où serait l'administration des postes de se faire l'instrument et la complice de la circulation d'écrits délictueux. La poste ne peut pas être la complice d'un délit qu'elle ignore; mais elle est, par la loi, l'instrument passif et nécessaire de tout envoi qui lui est confié ; c'est la conséquence de son monopole. La poste n'est pas chargée de pourvoir à la sûreté de l'Etat, et l'un de nos plus grands maux est assurément ce zèle de toutes les administrations à vouloir chaque jour sauver la société. Le seul devoir de la poste est de ne pas entraver l'action de la justice, et c'est dans ce but que l'article 87 du Code d'instruction criminelle ouvre ses portes aux magistrats. Quand un délégué de la justice se présente dans ses bureaux, elle doit le laisser agir. C'est là son rôle. Tant que la justice n'est pas intervenue, elle doit transmettre aveuglément ce qui lui est confié, suivant l'expression fort juste de M. Rouher ; trop vite oubliée par lui dans sa discussion ; elle est un « AGENT PASSIF. »

Nous n'ajouterons qu'un mot : Que dirait-on d'un arrêté du préfet de police qui imposerait à chaque citoyen l'obligation d'entretenir à son foyer un employé chargé de le surveiller ? L'instruction du 20 mars 1854 fait quelque chose d'analogue; elle tranforme en une surveillance permanente le ministère forcé de la poste.

Née aux jours du pouvoir discrétionnaire, elle ne peut pas survivre à l'abdication solennelle qui vient d'être faite de ce pouvoir et à l'émotion que produira sa révélation inopinée. En attendant, elle est sans force légale, et si elle peut atténuer les torts des agents qui s'y conformeraient, elle n'absoudrait pas les délits qu'ils commettraient.

. La circulaire du 24 janvier n'est pas seulement l'exécution littérale de cette instruction ; c'est, paraît-il, la reproduction textuelle d'un modèle qui depuis plusieurs années a été nombre de fois expédié aux agents de la poste.

Ces explications de M. le directeur général, loin d'atténuer la circulaire et le *Communiqué*, donnent à ces deux documents une gravité nouvelle. Nous ne sommes plus en face d'un incident isolé, mais d'une tradition. Ce n'est point une circulaire accidentelle qui jette momentanément le trouble et l'inquiétude dans les rapports des citoyens ; c 'est, suivant l'expression de M. le commissaire du gouvernement, c'est le *Code* de l'Administration qui met en surveillance permanente la correspondance de la France entière.

Si une telle situation pouvait sembler autorisée par quelque texte équivoque de loi, sans sortir de notre rôle de jurisconsulte, au nom du droit violé, nous ferions appel au législateur, et nous lui demanderions avec confiance de réformer une loi susceptibles de semblables interprétations.

Mais il n'en est rien : l'instruction du 24 mars 1854 ne peut s'appuyer sur aucun texte, et elle constitue à nos yeux une infraction flagrante aussi bien à l'article 187 du Code pénal qu'au Code d'instruction criminelle, qui réserve aux magistrats et aux officiers de police judiciaire les attributions usurpées par cet acte administratif.

V

A côté des textes, les orateurs du gouvernement ont invoqué l'intérêt public, qui, à leurs yeux, exige et légitime l'incessante surveillance de la poste pour arrêter le débordement des publications séditieuses ou obscènes. Nous ne nous inclinerons jamais devant les nécessités prétendues de l'intérêt public quand elles seront en contradiction avec le droit : la première des nécessités pour une société, c'est le respect et la fidèle exécution des lois. Si la sécurité et l'ordre publics exigent que certaines investigations soient permises à l'administration des postes, une loi peut intervenir pour les autoriser et en même temps les régler ; mais tant que cette loi ne sera pas intervenue, rien ne peut les justifier.

Lors du grand débat qui s'est élevé au sein de l'Assemblée constituante sur le secret des lettres, Mirabeau, dans des termes que nous n'oserions reproduire, confondit cette politique « qui fait passer avant la justice ce qu'elle ose appeler l'utilité publique. » Un seul homme réclama, au nom de l'Etat, le droit de fouiller les correspondances privées pour y rechercher, non des contraventions, mais des complots : ce fut Robespierre.

VI

En résumé, de l'aveu de MM. les orateurs du gouvernement, la circulaire du 24 janvier a commis, comme nous l'avions précédemment affirmé, une double illégalité en étendant à tous les départements la juridiction de M. le préfet de police et en ordonnant l'envoi à Paris des lettres arrêtées dans les divers bureaux de l'empire.

Suivant l'unanimité des auteurs et la jurisprudence antérieure à 1853, le juge d'instruction peut seul saisir les lettres confiées à la poste ; ce pouvoir n'appartient ni au préfet de police ni à aucune autre autorité.

Aux termes mêmes de l'arrêt du 21 novembre 1853, invoqué par l'administration, le préfet de police peut, par lui-même ou par un commissaire de police délégué, saisir à la poste les lettres *nécessaires à la constatation d'un crime ou d'un délit;* mais il ne peut user de ce droit pour les besoins de la surveillance administrative ou politique. Quant aux agents de la poste, ils ne doivent qu'ouvrir leurs bureaux au préfet ou à son délégué ; ils ne peuvent, même en vertu d'un réquisitoire, et à plus forte raison en l'absence de réquisitoire, faire par eux-mêmes aucune investigation d'aucun genre sur les correspondances qui leur sont confiées, ni sous aucun prétexte suspendre l'envoi de ces correspondances, sans encourir les pénalités édictées par l'article 187 du Code pénal.

Délibéré à Paris, le 23 février 1867.

PAUL ANDRAL,
Avocat à la Cour impériale de Paris.

AVOCATS A LA COUR DE CASSATION ET AU CONSEIL D'ÉTAT

QUI ONT ADHÉRÉ A LA CONSULTATION DE M. ALBERT GIGOT

MM. Bellaigue, avocat au Conseil d'Etat et à la Cour de cassation.
A. Bosviel, avocat au Conseil d'Etat et à la Cour de cassation.
J. Bozérian, avocat au Conseil d'Etat et à la Cour de cassation.
Chambareaud, avocat au Conseil d'Etat et a la Cour de cassation.
Diard, avocat au Conseil d'Etat et à la Cour de cassation.
Dubeau, avocat au Conseil d'Etat et a la Cour de cassation.
Hippolyte Duboy, avocat à la Cour de cassation.
Gonse, avocat au Conseil d'Etat et à la Cour de cassation.
Charles Hérisson, avocat au Conseil d'Etat et à la Cour de cassation.
F. Hérold, avocat au Conseil d'Etat et à la Cour de cassation.
Paul Jozon, avocat au Conseil d'Etat et a la Cour de cassation.
Labordére, avocat au Conseil d'Etat et à la Cour de cassation.
De la Chere, avocat au Conseil d'Etat et a la Cour de cassation.
Maulde, avocat au Conseil d'Etat et a la Cour de cassation.
Mazeau, avocat au Conseil d'Etat et à la Cour de cassation.
Pinel, avocat au Conseil d'Etat et a la Cour de cassation.
Potel, avocat au Conseil d'Etat et à la Cour de cassation.
Aug. Pougnet, avocat au Conseil d'Etat et à la Cour de cassation.
Roger, avocat au Conseil d'Etat et a la Cour de cassation.
Georges Salveton, avocat au Conseil d'Etat et a la Cour de cassation.
Tambour, avocat au Conseil d'Etat et a la Cour de cassation.
Tenaille-Saligny, avocat au Conseil d'Etat et a la Cour de cassation.

AVOCATS AUX COURS IMPÉRIALES

QUI ONT ADHÉRÉ A LA CONSULTATION DE M. ALBERT GIGOT

MM. E. Affichard, avocat à la Cour impériale d'Angers, secrétaire du Conseil de l'Ordre.
Auguste Albert, avocat à la Cour impériale de Toulouse.
Paul Allard, avocat à la Cour impériale de Rouen.
E. Allou, bâtonnier de l'Ordre des avocats à la Cour impériale de Paris.
Paul Andral, avocat à la Cour impériale de Paris.
Joseph d'André, avocat à la Cour impériale de Toulouse.
E. Arago, avocat à la Cour impériale de Paris, membre du Conseil de l'Ordre.
J. Arbelet, avocat à la Cour impériale de Paris.
A. Arnaud, ancien bâtonnier, avocat à la Cour impériale d'Aix.
Arnaud, avocat à la Cour impériale de Chambéry.
Victor Arnaud, bâtonnier de l'Ordre des avocats à la Cour impériale de Grenoble.
Aug. Arnaud, avocat a la Cour impériale de Grenoble.
Astrié-Rolland, avocat à la Cour impériale de Toulouse.
A.-E. Aubry, avocat à la Cour impériale d'Angers.
A. Audoy, avocat à la Cour impériale de Paris.
Bacot, avocat à la Cour impériale de Lyon, ancien bâtonnier.
Louis-Numa Baragnon, avocat a la Cour impériale de Nîmes.
Barateau, avocat a la Cour impériale de Toulouse.
Odilon Barrot, avocat à la Cour impériale de Paris.
Marcel Barthe, avocat a la Cour impériale de Pau, ancien bâtonnier.
L. de Barthélemy, avocat à la Cour impériale de Paris.
Baze, avocat à la Cour impériale de Paris, ancien représentant.
Beaute, avocat à la Cour impériale de Toulouse.
Alph. Béchard, avocat à la Cour impériale de Nîmes, ancien membre du Conseil.
J. Bédarride, ancien bâtonnier, avocat à la Cour impériale d'Aix.
Ph. Bellanger, bâtonnier de l'Ordre des avocats a la Cour impériale d'Angers.
De Bellomayre, avocat à la Cour impériale de Paris.
L. Béquet, avocat à la Cour impériale de Paris.
Edmond Berlet, avocat à la Cour impériale de Nancy.
Bernard, avocat à la Cour impériale de Grenoble.
Em. Bernard, avocat a la Cour impériale de Lyon.
P.-E. Berthault, bâtonnier de l'Ordre des avocats au Barreau de Nantes.
L. Berthel, avocat à la Cour impériale de Chambéry.

MM. F. Beslay, avocat à la Cour impériale de Paris.

Besnard de la Giraudais, ancien bâtonnier, membre du Conseil de l'Ordre des avocats au Barreau de Nantes.

Charles Bessat, ancien bâtonnier du Barreau de Toulon, avocat a la Cour impériale d'Aix.

Besval, avocat à la Cour impériale de Nancy, membre du Conseil de l'Ordre.

Th. Bigot, avocat à la Cour impériale d'Angers.

E. Bolze, bâtonnier de l'ordre des avocats a la Cour impériale de Nîmes.

Bonamy, avocat au barreau de Nantes, membre du Conseil de l'Ordre.

Bonneau, ancien bâtonnier, avocat à la Cour impériale d'Angers.

Boquien, avocat au barreau de Nantes.

Henri de Bornes, avocat à la Cour impériale de Lyon.

Boulangé, avocat a la Cour impériale de Metz, membre du Conseil de l'Ordre.

Bousquet, avocat à la Cour impériale de Nîmes.

Fernand Bouteille, avocat à la Cour impériale d'Aix.

Louis Bouvard, avocat à la Cour impériale de Besançon.

Aimé Bouvier, avocat à la Cour impériale de Chambéry.

A. Bovier-Lapierre, avocat à la Cour impériale de Grenoble.

Alfred Bovaguet, avocat a la Cour impériale de Chambéry.

Ferdinand Boyer, avocat à la Cour impériale de Nîmes, membre du Conseil de l'Ordre et secrétaire.

P. Brac de la Perrière, avocat à la Cour impériale de Lyon, ancien bâtonnier de l'Ordre.

Ad. Breulier, avocat à la Cour impériale de Paris.

Brice, avocat à la Cour impériale de Rennes.

Ph. Bricod, avocat à la Cour impériale de Lyon, membre du Conseil de l'Ordre.

Lucien Brun, avocat à la Cour impériale de Lyon, membre du Conseil de l'Ordre.

Bruneteau, avocat au barreau de Nantes.

Buffard, avocat à la Cour impériale de Paris.

Louis Bunel, avocat a la Cour impériale de Toulouse.

A. Burdinet, avocat à la Cour impériale de Chambéry.

Bureau du Colombier, avocat a la Cour impériale d'Angers.

Caillau, bâtonnier de l'Ordre des avocats à la Cour impériale de Lyon.

Cailly, avocat a la Cour impériale de Metz, membre du Conseil de l'Ordre.

Campenon, avocat à la Cour impériale de Paris.

Cardou, avocat au barreau de Nantes.

Carré, avocat à la Cour impériale de Rouen.

Ernest Cartier, avocat a la Cour impériale de Paris.

Catabelle, avocat à la Cour impériale de Nancy, ancien bâtonnier, membre du Conseil de l'Ordre.

P. Charles, avocat à la Cour impériale de Chambéry.

Charmoy, avocat à la Cour impériale de Rennes, membre du Conseil de l'Ordre.

Charyau, avocat au barreau de Nantes.

G. Chaudey, avocat à la Cour impériale de Paris.

I. Chauffour, avocat à la Cour impériale de Colmar, ancien bâtonnier, membre du Conseil de l'Ordre.

M. de Chevilly, avocat à la Cour impériale de Chambéry.

Chofardet, avocat a la Cour impériale de Besançon.

Colfavru, avocat a la Cour impériale de Paris.

Collot, avocat a la Cour impériale de Metz, membre du Conseil de l'Ordre.

Colombel, avocat au barreau de Nantes.

Conétout, avocat au barreau de Nantes.

Coquebert, avocat au barreau de Nantes, membre du Conseil de l'Ordre.

Cornier, avocat a la Cour impériale de Chambéry, ancien bâtonnier.

Cousin, avocat à la Cour impériale de Toulouse.

MM. Camille Cousset, avocat à la Cour impériale de Chambéry.

J. Crémieu, bâtonnier de l'Ordre des avocats à la Cour impériale d'Aix.

Cubain, avocat à la Cour impériale d'Angers.

Dassieux, avocat à la Cour impériale de Toulouse.

Raymond David, avocat au barreau de Nantes.

A. Decrais, avocat à la Cour impériale de Paris.

J. Delasalle, avocat à la Cour impériale de Paris.

Deleurie, avocat a la Cour impériale d'Angers.

Delprat, avocat à la Cour impériale de Paris.

A. Demians, avocat à la Cour impériale de Nîmes, ancien membre du Conseil de l'Ordre, ancien représentant.

E. Denantes, avocat à la Cour impériale de Grenoble, ancien bâtonnier, doyen de l'Ordre.

Denis, avocat à la Cour impériale de Rennes, ancien bâtonnier, membre du Conseil de l'Ordre.

A. Denis, avocat à la Cour impériale de Rennes.

Samuel Denis, avocat à la Cour impériale de Rennes.

A. Depéronne, avocat à la Cour impériale de Nancy.

Octave Depeyre, avocat à la Cour impériale de Toulouse.

Desarnoit, avocat à la Cour impériale de Chambéry.

Deschamps, avocat à la Cour impériale de Rouen, ancien bâtonnier.

F. Desportes, avocat a la Cour impériale de Paris.

Desseaux, avocat à la Cour impériale de Rouen, ancien bâtonnier.

Th. Didard, avocat à la Cour impériale de Rennes, ancien bâtonnier, membre du Conseil de l'Ordre.

Henri Didier, avocat à la Cour impériale de Paris, ancien représentant.

Dommanget, avocat à la Cour impériale de Metz, membre du Conseil de l'Ordre.

Magloire Dorange, avocat à la Cour impériale dé Rennes.

Doyen, bâtonnier de l'Ordre des avocats à la Cour impériale de Nancy.

A. Dréo, avocat à la Cour impériale de Paris.

A. Dubreuil, avocat a la Cour impériale de Lyon.

Duhamel, avocat à la Cour impériale de Paris.

Jules Dulac, avocat à la Cour impériale de Lyon.

Dupéron, avocat a la Cour impériale de Grenoble, ancien bâtonnier.

Jules Dupuy, avocat à la Cour impériale de Paris.

Emile Durier, avocat à la Cour impériale de Paris.

F. Duval, avocat à la Cour impériale de Paris.

Henry Ebelot, avocat à la Cour impériale de Toulouse.

Ernoul, avocat à la Cour impériale de Poitiers.

R. d'Estaintot, avocat à la Cour impériale de Rouen.

Fairé, ancien bâtonnier, membre du Conseil de l'Ordre des avocats à la Cour impériale d'Angers.

A. de Fallois, avocat à la Cour impériale de Paris.

Farge, avocat à la Cour impériale de Grenoble.

A. de Faultrier, bâtonnier de l'Ordre des avocats à la Cour impériale de Metz.

Favarel, avocat à la Cour impériale de Toulouse.

Fay, avocat à la Cour impériale de Chambéry.

Ferrer, avocat au barreau de Nantes.

J. Ferrouillat, avocat à la Cour impériale de Lyon.

Jules Ferry, avocat à la Cour impériale de Paris.

J.-B. Finet, avocat à la Cour impériale de Chambéry.

Joseph Fleurent, avocat à la Cour impériale de Colmar, ancien bâtonnier, membre du Conseil de l'Ordre.

Léon Fleury, avocat au barreau de Nantes.

C. Floquet, avocat à la Cour impériale de Paris.

MM. V. Fochier, avocat à la Cour impériale de Lyon.

Forien, bâtonnier de l'Ordre des avocats à la Cour impériale de Besançon.

Foucqueron, avocat à la Cour impériale de Rennes.

Fric, avocat à la Cour impériale de Pau, membre du Conseil de l'Ordre.

F. Frumy, avocat a la Cour impériale de Chambéry.

C. du Gabé, avocat à la Cour impériale de Toulouse.

Du Gabé fils, avocat à la Cour impériale de Toulouse.

L. Gambetta, avocat à la Cour impériale de Paris.

Em. Garet, avocat à la Cour impériale de Pau, membre du Conseil de l'Ordre.

Paul Gariel, avocat à la Cour impériale de Grenoble.

Garnier du Plessis, avocat a la Cour impériale de Rennes, ancien bâtonnier, membre du Conseil de l'Ordre.

Guillaume Garrigues, avocat à la Cour impériale de Toulouse.

Gaultier de Beauvallon, avocat à la Cour impériale de Rennes.

Gautté, avocat au barreau de Nantes.

Ch. Gérard, avocat a la cour impériale de Colmar, ancien bâtonnier, membre du Conseil de l'Ordre.

Giraudeau, avocat au barreau de Nantes.

P. Goybet, avocat à la Cour impériale de Chambéry.

Grand, avocat à la Cour impériale de Chambéry.

J. Grange, avocat à la Cour impériale de Rennes.

Albert Grévy, avocat à la Cour impériale de Besançon.

De Grimal, avocat a la Cour impériale de Toulouse.

Léon Gros, avocat a la Cour impériale de Lyon.

Guérin-Villaubreil, avocat à la Cour impériale de Rennes.

L. Guerrier, avocat à la Cour impériale de Paris.

Guibourd, avocat au barreau de Nantes.

Guitton aîné, ancien bâtonnier et membre du Conseil de l'Ordre des avocats à la Cour impériale d'Angers.

Jules Guitton, ancien bâtonnier, membre du Conseil de l'Ordre des avocats à la Cour impériale d'Angers.

Halgan, avocat au barreau de Nantes.

Hamard, avocat à la Cour impériale de Rennes.

A. Homais, avocat a la Cour impériale de Rouen.

Arth. Hubbard, avocat a la Cour impériale de Paris.

Hüe, avocat à la Cour impériale de Rennes, professeur à l'Ecole de Droit.

Emile Jay, avocat à la Cour impériale de Paris.

A. Joly, avocat à la Cour impériale de Lyon.

G. Jouanet, avocat à la Cour impériale de Rennes.

Jouin, avocat à la Cour impériale de Rennes, ancien représentant.

Justin, avocat à la Cour impériale de Rouen.

H. de Kermarec, avocat a la Cour impériale de Paris.

H. Kugler, avocat à la Cour impériale de Colmar, ancien bâtonnier, membre du Conseil de l'Ordre.

Lablatinière, avocat a la Cour impériale de Rouen, membre du Conseil de l'Ordre.

De la Boulie, avocat à la Cour impériale de Paris.

Daniel Lacombe, ancien bâtonnier, membre du Conseil de l'Ordre des avocats au barreau de Nantes.

A. Michal Ladichère, avocat à la Cour impériale de Grenoble, ancien bâtonnier.

Laennec, avocat au barreau de Nantes.

La Flize, avocat a la Cour impériale de Nancy, ancien bâtonnier, ancien représentant, membre du Conseil de l'Ordre.

A. de la Garde, avocat à la Cour impériale de Paris.

Laget, avocat à la Cour impériale de Nîmes, ancien bâtonnier.

Louis Lallement, avocat à la Cour impériale de Nancy.

MM. Lallié, avocat au barreau de Nantes.

J. Lamaignère aîné, avocat à la Cour impériale de Pau, ancien bâtonnier.

J. Michel de la Morvonnais, avocat à la Cour impériale de Rennes.

De Lapeyrie, avocat à la Cour impériale de Toulouse, ancien magistrat.

H. Laracine, avocat a la Cour impériale de Chambéry.

E. Larcher, avocat a la Cour impériale de Nancy.

Larivière pere, avocat a la Cour impériale de Pau.

Louis de la Roque. avocat à la Cour impériale de Paris.

Jules Le Berquier, avocat à la Cour impériale de Paris, membre du Conseil.

Le Bourdais, avocat au barreau de Nantes.

Lebrasseur, avocat à la Cour impériale de Paris.

Lecadre, ancien bâtonnier, avocat au barreau de Nantes.

Alph. Lecanu, avocat a la Cour impériale de Paris.

Lecœur, avocat a la Cour impériale de Rouen, ancien bâtonnier.

R. Lecœur, avocat a la Cour impériale de Rouen.

Lefevre-Pontalis, avocat a la Cour impériale de Paris.

Legeard de la Diryais, avocat a la Cour impériale de Rennes.

L. de Leiris, avocat a la Cour impériale de Nimes.

Emile Lenoël, avocat à la Cour impériale de Paris.

Le Romain, avocat au barreau de Nantes.

E. Le Royer, avocat à la Cour impériale de Lyon, membre du Conseil de l'Ordre.

Lesage, avocat a la Cour impériale de Rouen.

Lesbaupin, avocat a la Cour impériale de Rennes.

Limbourg, avocat a la Cour impériale de Metz.

Albert Liouville, avocat a la Cour impériale de Paris.

A. Lyon, avocat à la Cour impériale d'Aix.

Maillard, avocat à la Cour impériale de Paris.

Maisonneuve, ancien bâtonnier, avocat au barreau de Nantes.

Malapert, avocat a la Cour impériale de Paris.

R. Mamelet, avocat à la Cour impériale de Nancy.

Manau, avocat à la Cour impériale de Toulouse.

Marais, avocat à la Cour impériale de Rouen.

Mariage, avocat a la Cour impériale de Paris.

P. Maritain, avocat à la Cour impériale de Paris.

J. Martin, avocat à la Cour impériale de Nîmes.

Martin-Feuillée, avocat à la Cour impériale de Rennes.

Mathiot, avocat à la Cour impériale de Besançon.

E. Mauchon, avocat a la Cour impériale de Paris.

Maugars, ancien bâtonnier, avocat au barreau de Nantes.

C. Melcot, avocat à la Cour impériale de Besançon.

Ménard, ancien bâtonnier, avocat au barreau de Nantes.

Louis Mengin, avocat à la Cour impériale de Nancy.

L. Mercié, avocat a la Cour impériale de Toulouse.

Mestre, avocat à la Cour impériale de Toulouse.

L. Michonis, avocat a la Cour impériale de Paris.

E. Millaud, avocat à la Cour impériale de Lyon.

E. Mistral, ancien bâtonnier, avocat à la Cour impériale d'Aix.

Mollat, avocat au barreau de Nantes.

J. Montagnole, avocat à la Cour impériale de Chambéry.

Henry Moreau, avocat à la Cour impériale de Paris.

B. Morel, avocat à la Cour impériale de Grenoble.

O. Muray, avocat à la Cour impériale de Paris.

E. Nicollet, avocat a la Cour impériale de Grenoble, ancien bâtonnier.

Amédée Nicollet, avocat a la Cour impériale de Grenoble.

G. d'Orgeval, avocat à la Cour impériale de Lyon.

MM. A.-G. Oudet, avocat a la Cour impériale de Besançon.
R. Pain, avocat à la Cour impériale de Grenoble.
N. Parent, avocat à la Cour impériale de Chambéry.
J. Paris, avocat à la Cour impériale de Lyon.
Penchinat, avocat a la Cour impériale de Nîmes, ancien bâtonnier.
Perrier de la Bathie, bâtonnier de l'Ordre des avocats à la Cour impériale de Cham-
béry.
Gabriel Perrin, avocat à la Cour impériale de Lyon.
Loïc Petit, avocat a la Cour impériale de Rennes.
Pillet, avocat à la Cour impériale de Chambéry.
Jacques Piou, avocat a la Cour impériale de Toulouse.
A. Plocque, avocat a la Cour impériale de Paris, ancien bâtonnier.
P. Pognient, avocat à la Cour impériale de Chambery, ancien bâtonnier.
L. Pons, avocat a la Cour impériale d'Aix.
Ed. Puthod, avocat a la Cour impériale de Paris.
Marius Rasuin, avocat à la Cour impériale de Lyon.
M. Reboul, avocat à la Cour impériale d'Aix.
Jules Redon, avocat à la Cour impériale de Nîmes, ancien bâtonnier.
Gonzalve Regnault, avocat à la Cour impériale de Nancy.
Rémond, avocat à la Cour impériale de Metz.
L. Renault, avocat à la Cour impériale de Paris.
E. Reverchon, avocat à la Cour impériale de Paris, ancien avocat au Conseil d'Etat
et à la Cour de cassation, ancien maître des requêtes au Conseil d'Etat.
J.-E Reynaud, avocat a la Cour impériale de Grenoble.
Ricard, avocat à la Cour impériale de Rouen.
B. Richard, avocat à la Cour impériale de Chambéry.
J. Robesson, avocat à la Cour impériale de Chambéry.
Robino-Bertrand, avocat au barreau de Nantes.
Jules Roche, avocat à la Cour impériale de Lyon.
Charles Roman, avocat à la Cour impériale de Chambéry.
Ropartz, avocat à la Cour impériale de Rennes.
Cl. Am. Rosset, avocat à la Cour impériale de Chambéry.
Ch. Rousseau, avocat a la Cour impériale d'Angers.
André Rousselle, avocat à la Cour impériale de Paris.
Roux Lavergne, avocat à la Cour impériale de Rennes.
Rumeau, avocat a la Cour impériale de Toulouse, ancien bâtonnier.
M. Sabatier, avocat à la Cour impériale de Paris.
De Saint-Gresse, avocat à la Cour impériale de Toulouse.
P. Sauzet, avocat à la Cour impériale de Lyon, ancien président de la Chambre des
députés.
Paul Sauzet fils, avocat à la Cour impériale de Lyon.
Sénard, avocat à la Cour impériale de Paris.
J. de Séranon, avocat a la Cour impériale d'Aix.
Sisteron, avocat à la Cour impériale de Grenoble, ancien bâtonnier.
C. Soulas-Lariny, avocat a la Cour impériale de Nîmes.
Soulé, avocat à la Cour impériale de Pau, membre du Conseil de l'Ordre.
Taillet, bâtonnier de l'Ordre des avocats à la Cour impériale de Rouen.
Talvande, avocat au barreau de Nantes.
J. Tassy, ancien bâtonnier, avocat à la Cour impériale d'Aix.
Charles Tavernier, avocat a la Cour impériale d'Aix.
A. Tilliet, avocat à la Cour impériale de Lyon.
Timbal, avocat à la Cour impériale de Toulouse, ancien bâtonnier.
E. Tisserand, avocat à la Cour impériale de Nancy.
Paul Thibaud, avocat au barreau de Nantes.
H. Thibeaud-Nicollière, avocat au barreau de Nantes.

MM. Tournayre, avocat à la Cour impériale de Toulouse, ancien bâtonnier.
Tripart, avocat à la Cour impériale de Besançon.
P. Vaïsse-Cibiel, avocat à la Cour impériale de Toulouse.
A. Valat, avocat à la Cour impériale de Nîmes, ancien bâtonnier.
F. Vallet, avocat a la Cour impériale de Chambéry.
Van-Iseghem, avocat au Barreau de Nantes.
Vaucquier du Traversain, avocat à la Cour impériale de Rouen, membre du Conseil de l'Ordre.
Vavasseur, avocat à la Cour impériale de Rouen.
Casimir de Ventavon, avocat à la Cour impériale de Grenoble, ancien bâtonnier.
Edouard de Ventavon, avocat à la Cour impériale de Grenoble.
Vermont, jeune, avocat a la Cour impériale de Rouen.
Vernaz, avocat à la Cour impériale de Chambéry.
A. de Villardière, avocat à la Cour impériale de Lyon.
Edouard de Villeneuve, avocat à la Cour impériale de Lyon.
Volland, avocat à la Cour impériale de Nancy, ancien bâtonnier.
Adrien Volland, avocat à la Cour impériale de Nancy.
Waldeck-Rousseau, ancien bâtonnier, avocat au barreau de Nantes.

Nous avons reçu de M. G. de Beauvallon la lettre suivante :

Rennes, le 18 mars 1867.

Monsieur le Rédacteur,

Je regrette que mon absence ne m'ait pas permis de prendre part à la délibération des avocats du barreau de Rennes, qui ont donné leur adhésion à la consultation de Mᵉ Albert Gigot, relative à la circulaire de M. Vandal.

Je tiens cependant à affirmer que je partage le sentiment de mes honorables confrères.

Je vous serai donc obligé de vouloir bien, monsieur le Rédacteur, insérer ma présente lettre dans le prochain numéro de votre journal, et je vous prie d'agréer les respectueux hommages de votre très-humble serviteur.

GAULTIER DE BEAUVALLON,
Avocat du barreau de Rennes, docteur en droit.

Paris. — Imprimerie de DUBUISSON et Cᵉ, rue Coq-Héron, 5

www.ingramcontent.com/pod-product-compliance
Lightning Source LLC
Chambersburg PA
CBHW061255060726